Fanny & Klee
Gute-Nacht-Geschichten
von Silke Wolfrum

Fanny & Klee

Gute-Nacht-Geschichten von Silke Wolfrum
mit Illustrationen von Julia Dürr

BELTZ
& Gelberg

Silke Wolfrum kommt aus Donauwörth und hat in Bamberg, München und Paris Romanistik und Germanistik studiert. Heute unterrichtet sie an einer Berufsoberschule und arbeitet als Autorin für den Bayerischen Rundfunk. Sie schreibt Geschichten, Features, Hörspiele und Comedys für Kinder. Mit Mann und kleiner Tochter lebt sie in München.

Julia Dürr wurde 1981 in Frankfurt am Main geboren. Sie studierte Design an der FH Münster. Seit 2008 arbeitet sie als freischaffende Illustratorin mit großer Liebe für das Bilderbuch. 2009 wurde sie durch die Stiftung Buchkunst ausgezeichnet. Seit 2010 lebt und arbeitet sie in Leipzig.

www.beltz.de
© 2012 Beltz & Gelberg in der Verlagsgruppe Beltz · Weinheim Basel
Alle Rechte vorbehalten
Neue Rechtschreibung
Einbandgestaltung, Illustrationen und Lettering: Julia Dürr
Typografie, Satz und Gestaltung im Innenteil: Antje Birkholz
Druck: Beltz Druckpartner GmbH & Co KG, Hemsbach
Bindung: Beltz Bad Langensalza GmbH, Bad Langensalza
Printed in Germany
ISBN 978-3-407-82011-2
1 2 3 4 5   16 15 14 13 12

Inhalt

Warum soll man zum Einschlafen Schafe zählen?

Fanny und Klee sind Geschwister. Klee ist vier und Fanny sieben. Fanny ist drei Köpfe größer als Klee und hat doppelt so große Ohren wie er. Nachts trägt sie ein knielanges, geringeltes Nachthemd und Turnschuhe, weil sie damit besser traumwandeln kann – wie sie sagt.

Morgen ist Klee zu einem Geburtstag eingeladen. Er ist deswegen schon so aufgeregt, dass er nicht einschlafen kann. Unruhig wälzt er sich in seinem Bett hin und her. Papa hat ihm einen komischen Tipp gegeben: Er soll sich Schafe vorstellen, die über einen Zaun springen, und sie zählen. Aber was soll das bringen? »Du, Fanny«, fragt er seine Schwester, »warum soll man zum Einschlafen Schafe zählen?« Fanny seufzt. Jetzt muss sie sich etwas einfallen lassen, sonst gibt Klee keine Ruhe. Sie dreht sich auf den Rücken, wickelt eine Haarsträhne um den Finger und fängt an zu erzählen:

»Es war einmal ein reicher Kaufmann. Er besaß mehrere Autos, eine Villa mit Swimming-

pool und trug immer
Anzug und Krawatte. Die
Leute beneideten den Kaufmann,
weil er so viel Geld hatte. Was sie aber nicht wussten, war,
dass er nachts nicht einschlafen konnte. Sobald er im Bett lag,
fing er nämlich an zu zählen. Er zählte, wie viele Dinge er
in seinen Kaufhäusern verkaufte und wie viel Geld er schon
verdient hatte und wie viel er am folgenden Tag verdienen
würde. Eigentlich war der Kaufmann hundemüde, aber weil

er immer alles
ganz genau zäh-
len musste, konnte
er nie einschlafen.
Davon wurde er
krank. Sein Arzt
verschrieb ihm
Schlafpillen, aber
die nützten gar nichts.
Schließlich riet ihm der
Arzt, ein paar Tage Urlaub
zu nehmen. Einfach mal auszuspannen! Der Kaufmann über-
gab all seine Geschäfte seiner Sekretärin, suchte sich einen
Bauernhof auf dem Land und machte zum ersten Mal in seinem Leben Urlaub. Doch kaum war er auf dem Bauernhof
angekommen, fing er schon wieder an, zu zählen. Er zählte
die Kühe im Stall und die Hühner auf dem Hof, er zählte die
Tauben, die Katzen, ja sogar die Mäuse in der Scheune. Schlafen konnte er genauso wenig wie zu Hause. Eines Tages aber
traf er auf eine Schafherde. Natürlich begann er sofort, die
Schafe zu zählen, und das schien auch ganz einfach zu sein,
denn sie waren gerade dabei, einzeln über einen Zaun zu
springen. Der Kaufmann zählte: eins, zwei, drei, vier – aber
was war das? Hatte das fünfte Schaf ihn nicht angelächelt?
Der Kaufmann zählte von vorn: eins, zwei, drei – na, so was!

Da streckte ihm ein Schaf die Zunge raus! Wo war er stehen geblieben? Sechs, sieben, acht – also so was! Hatte das neunte Schaf ihm nicht gerade zugezwinkert? Oder war das jetzt das zehnte gewesen? Der Kaufmann rieb sich die Augen. Er fing noch einmal von vorne an: eins, zwei, drei, vier – unerhört! Das nächste Schaf wackelte mit dem Hintern! Aber wie viele hatte er jetzt eigentlich schon gezählt? Sollte er noch einmal von vorne beginnen? Ach, und wie schön flauschig diese Schafe waren! Am liebsten hätte er seinen Kopf an so ein Schaf gelehnt. Aber er musste doch zählen! Der Kaufmann gähnte. Neun, zehn, elf, zwölf. Hatte das Schaf eben nicht ›Ellabätsch‹ gesagt? Sieben, acht, vier, zehn. Ach wie nett, das elfte oder siebte, oder welches Schaf auch immer, nahm ihn auf seinem weichen Rücken ein Stück mit und – sieben, neun, achtundzwanzig – oh, Schafe konnten ja fliegen! Das waren die letzten Gedanken, an die sich der Kaufmann drei Tage später erinnern konnte. Bis dahin schlief er nämlich tief und fest mitten auf der Weide, und die Schafe machten ›Mäh!‹ dazu. Seitdem weiß jeder, dass Schafezählen müde macht«, sagt Fanny und schaut auf ihren Bruder. Der ist doch tatsächlich eingeschlafen!

Warum macht die Kuh Muh?

Heute waren Fanny und Klee mit Papa in den Bergen. Auf dem Weg haben sie ein paar Kühe gesehen, und Fanny hat behauptet, sie könne mit ihnen reden. Sie hat dann die ganze Zeit wie eine Kuh gemuht. Abends liegen Klee und Fanny im Bett. Klee fragt: »Du, Fanny, warum macht eine Kuh überhaupt ›Muh‹?« Seine Schwester seufzt. Jetzt muss sie sich etwas einfallen lassen, sonst wird ihr Bruder keine Ruhe geben. Also dreht sie sich auf den Rücken, wickelt eine Haarsträhne um ihren Zeigefinger, zieht ein bisschen daran und fängt an, zu erzählen:

»Vor langer Zeit machten die Kühe noch nicht ›Muh‹, sondern sie grunzten wie die Schweine. In einem Dorf fernab von hier lebte damals ein Bauer. Er war zu seinen Tieren immer freundlich, denn er war ein sehr feinsinniger Mensch. Abends verfasste er heimlich Gedichte und las sie seiner Tochter Tilly vor. Eines Tages wurde im Dorf ein Gedichtwettbewerb ausgeschrieben. ›Wer findet den schönsten Reim?‹ stand auf einem Plakat an der Rathauswand. Tilly bekniete daraufhin ihren Vater, an dem Wettbewerb teilzunehmen.

Der Bauer zögerte lange, da er sehr schüchtern war, aber dann meldete er sich – seiner Tochter zuliebe – an. Die letzten Tage vor dem Wettbewerb war der Bauer sehr aufgeregt. Im Stall sagte er zu seinen Tieren: ›Ach, ihr Kühe, ich geb mir Mühe‹, oder: ›Liebe Schweine, lasst mich nicht alleine.‹ Die Tiere, die den Bauern gern hatten, beschlossen, ihn zum Gedichtwettbewerb zu begleiten. Dann war es so weit. Es waren nur drei Teilnehmer gekommen, ein Firmenbesitzer, ein Bäcker und der Bauer. Ein jeder sollte ein kurzes Gedicht zum Thema ›Mein Leben‹ erfinden. Der Firmenbesitzer begann:

>*Ich bin der glücklichste Mensch der Welt,*
>*denn ich verdien' viel Geld und bin*
>*der Held meiner Firma.‹*

Die Zuschauer klatschten, aber die Jury fand, dass sich ›Held‹ und ›Firma‹ nicht reimten. Der Nächste!

>*Ich bin ein Bäcker, meine Semmeln sind lecker*
>*und was für Feinschmecker und Entdecker.‹*

Großer Applaus! Die Jury diskutierte, inwiefern Semmeln etwas für Entdecker waren. Dann kam der Bauer an die Reihe:

›Mein Tag beginnt mit einem Hahnenschrei,
an mir laufen Hennen, Katzen und Küken vorbei,
in meinem Stall warten Schwein und Kuh,
das Schwein, es grunzt, die Kuh macht – macht – macht – …‹

Hier geriet der Bauer ins Stocken, sein Kopf war leer vor Aufregung und es fiel ihm kein passender Reim ein. Schließlich sagte er: ›Die Kuh macht Muh!‹ Die Zuschauer waren begeistert, doch ein Jurymitglied rief sofort: ›Einspruch! Kühe grunzen und muhen nicht!‹ – ›Das stimmt‹, murmelten die anderen Jurymitglieder und schüttelten nachdenklich ihre Köpfe. Da trat Tilly vor und behauptete einfach: ›Kühe können auch muhen!‹ ›Beweise!‹, schrie ein Jurymitglied. Es entstand ein allgemeiner Tumult. Viele der Zuschauer waren der Meinung, dass es völlig egal war, ob Kühe grunzten oder muhten. Andere fanden den Reim unverschämt. Da ertönte plötzlich ein tiefes, lang gezogenes ›Muuuuuuh!‹. Das war die Kuh des Bauern. Ihm zuliebe hatte sie zum ersten Mal in ihrem Leben ›Muh!‹ gesagt. Der Bauer gewann den Wettbewerb und wurde berühmt. Seit diesem Tag muhen zu seinen Ehren alle Kühe auf der Welt und man hat nie wieder eine Kuh grunzen gehört.« Mit diesen Worten dreht Fanny sich auf den Bauch und schläft mit einem leisen »Muh« zufrieden ein.

Warum muss man sich einen Schlafanzug anziehen?

Klee ist heute schlecht aufgelegt, denn es gab Streit mit Papa. Klee wollte keinen Schlafanzug anziehen. Jetzt liegt er wütend im Bett und fragt: »Du, Fanny, warum muss man sich unbedingt was anziehen zum Schlafen?« Fanny runzelt die Stirn. Da muss sie sich jetzt wohl etwas einfallen lassen. Sie dreht sich auf den Rücken, wickelt eine Haarsträhne um den Finger, zieht ein bisschen daran und fängt an, zu erzählen:

»Wie jeder weiß, leben in den Betten Bettgeister. Sie sind winzig klein und unsichtbar. Man muss eigentlich überhaupt keine Angst vor ihnen haben. Tagsüber schlafen sie sowieso und die Nächte verbringen sie hauptsächlich mit Spielen. Das heißt, früher war das jedenfalls so. Früher spielten die Bettgeister jede Nacht Karten oder Schach. Einem schlafenden Menschen kamen sie dabei nicht zu nahe. Denn für die winzig kleinen Bettgeister ist ein Schlafender ein riesiger Berg, der sich noch dazu manchmal bewegt und das ganze Bett erschüttert. Lange Zeit also hielten die Bettgeister immer einen Sicherheitsabstand zu schlafenden Menschen. In einem Bett – es war das Bett von Herrn Paul – lebte jedoch einmal ein Bettgeist namens Erwin. Er war sehr unglücklich, denn alle anderen Bettgeister hielten ihn für einen Feigling. Das lag daran, dass er bei Spielen nie hohe Wetteinsätze wagte. Die Bettgeister spielten nämlich immer um Brotkrümel, die sie in den Betten fanden. Erwin aber besaß nur einen einzigen Brotkrümel. Außerdem hatte er noch zwei abgebrochene Zündhölzer, von denen keiner wusste, wie sie in das Bett gekommen und wozu sie gut waren. Eines Tages, als die Bettgeister Erwin wieder einmal verspotteten, wurde er sehr wütend und schrie: ›Ich werde euch beweisen, dass ich kein Feigling bin, ich werde den Menschenberg besteigen!‹

Er meinte damit Herrn Pauls Bauch. Die anderen Bettgeister lachten Erwin aus. Aber Erwin pirschte sich tatsächlich an den schlafenden Herrn Paul heran. Er nahm all seinen Mut zusammen und kletterte auf dessen Bauch. Es war gar nicht so schwer, denn Herr Paul hatte viele Haare auf der Brust, an denen Erwin sich festhalten konnte. Oben angekommen, blickte er stolz auf die völlig verblüfften Bettgeister herab.

Aber da erst bemerkte er, wie hoch er gekommen war! Vor ihm klaffte ein Abgrund. Wie sollte er nur heil wieder hinunter kommen? Da hatte er die Idee seines Lebens. Er holte die zwei abgebrochenen Streichhölzer hervor und schnallte sie an seine Füße. Dann fuhr er in eleganten Schwüngen Herrn Pauls Bauch hinunter. Erwin hatte das Bettgeister-Skifahren erfunden. Seitdem war er ein Held. Und er wurde zum Bettgeist-Oberskifahrlehrer ernannt. Denn diese neue, tollkühne Sportart wollten nun alle Bettgeister erlernen. Schach und Mau-Mau fanden sie langweilig dagegen. So kam es, dass eines Tages so viele Bettgeister auf Herrn Pauls Bauch, Beinen und Rücken herumfuhren, dass dieser nachts ein fürchterliches Kitzeln verspürte. Denn außer einer

Unterhose hatte Herr Paul nichts an. Wochenlang konnte
Herr Paul nicht mehr schlafen, immer spürte er dieses Krib-
beln und Krabbeln. Schließlich erfand er den Schlafanzug.
Seitdem ziehen sich alle Menschen nachts etwas an. Denn
nur so merken sie nicht, wie die winzig kleinen Bettgeister
auf ihren Körpern Ski fahren. Und jetzt gute Nacht!« Mit
diesen Worten dreht Fanny sich auf den Bauch und schläft
grunzend ein. Klee aber streicht vorsichtig über seinen
Schlafanzug und hält noch lange Ausschau nach den
kleinen Bettgeistern auf seinem Körper.

Warum gibt es Staub?

Heute hat Papa das ganze Kinderzimmer auf den Kopf gestellt. Er müsse mal gründlich Staub wischen, hat er gesagt. Tatsächlich hat er unter dem Bett jede Menge Staubwolken hervorgewirbelt, Klee musste sogar niesen davon. Jetzt liegt Klee im frisch bezogenen Bett und denkt nach. »Du, Fanny«, fragt er, »warum gibt es eigentlich Staub?« Seine Schwester seufzt. Sie weiß genau, Klee wird jetzt keine Ruhe geben, bevor sie ihm nicht geantwortet hat. Also dreht sie sich auf den Rücken, wickelt nachdenklich eine Haarsträhne um ihren Zeigefinger, zieht ein bisschen daran und fängt an, zu erzählen:

»Vor vielen, vielen Jahren lebten unter der Erde noch Wichtel. Das waren kleine, dicke Gestalten mit strubbeligem Haar und großen Ohren. Tagsüber schliefen sie, nachts aber buken sie Brot, wunderbares, knuspriges Brot. Das verkauften sie für wenig Geld an die Menschen. Ihre Backstuben waren große unterirdische Höhlen und Gänge, und wenn man genau hinsah, konnte man nachts den Rauch aus ihren Kaminen aufsteigen sehen. Vom vielen Mehl waren ihre Haare immer weiß und auf allen Gängen sah man die Fußspuren ihrer kleinen Füße im Mehlstaub. Viele Jahre lebten Menschen und Wichtel im Einklang. Doch irgendwann fingen die Menschen an, sich für etwas Besseres zu halten. Sie blickten auf die Wichtel herab, dankten ihnen kaum noch für das Brot, das sie von ihnen bekamen, und behandelten sie schon bald wie ihre Sklaven. Manche machten sich auch über sie lustig und nannten sie ›Mehlteufel‹ oder ›Schmutzfinken‹, weil sie immer so mit Mehl bestreut waren. Doch da Wichtel sehr gutmütige Wesen sind, schluckten sie ihren Ärger viele Jahre hinunter und werkelten weiter in ihren unterirdischen Backstuben. Eines Tages aber war dem König der Menschen langweilig, und nur um sich die Zeit zu vertreiben, beschloss er, die Wichtel zu besuchen und sie zu ärgern. Er ging zum Eingang ihrer unterirdischen Bäckerei, legte sich auf den Bauch, blähte die Backen auf und pustete dann mit aller Wucht hinein. Drinnen wirbelte das Mehl in allen Gängen auf und die Wichtel mussten fürchterlich husten. Einer von ihnen aber verschluckte sich dabei so sehr, dass er um ein Haar erstickt wäre. Jetzt verstanden die Wichtel keinen Spaß mehr. Sie kamen aus ihrer Höhle hervor, stellten sich vor den König und sagten, dass sie von nun an nie wieder für die Menschen Brot backen würden. Aber der König sagte nur: ›Na und? Bäckt eben ein anderer Brot für mich. Nehmt euch bloß nicht so wichtig, ihr weißen Winzlinge, in ein paar Jahren seid ihr

19

schon vergessen!‹ – ›Das glaub ich kaum!‹, rief da einer der Wichtel erbost, murmelte einen seltsamen Spruch und schnippte in die Luft. Mit einem Schlag waren die Wichtel verschwunden. Die Menschen aber klagten schon am nächsten Tag, dass sich in ihren Wohnungen ein feiner Staub abgesetzt habe, er sei fast wie der Mehlstaub der Wichtel, nur nicht so schön weiß, sondern grau. Seit diesem Tag gibt es in allen Menschenwohnungen Staub, und es nützt gar nichts, ihn wegzuwischen oder aufzusaugen, er kommt immer wieder. Und so wird man wohl niemals vergessen, was für ein Unrecht den Wichteln damals angetan wurde.« Mit diesen Worten dreht sich Fanny auf den Bauch, schließt die Augen und schläft ganz schnell ein.

Warum muss man sich die Haare schneiden?

Heute ist Klee schlecht gelaunt, denn heute musste er zum Frisör. Und er kann es gar nicht leiden, sich die Haare abschneiden zu lassen. Wozu soll das gut sein? »Du, Fanny«, fragt er ärgerlich, als er abends im Bett liegt, »warum muss man sich überhaupt die Haare schneiden?« Oh nein! Was soll sie darauf jetzt antworten? Eines ist jedenfalls klar: Ohne eine gute Antwort wird Klee keine Ruhe geben. Also dreht sie sich auf den Rücken, wickelt eine Haarsträhne um den Finger, zieht ein bisschen daran und fängt an, zu erzählen:

»Vor vielen Jahren lebte weit weg von hier ein Prinz mit dem Namen Haribert. Er hatte schönes goldenes Haar und wollte es sich auf keinen Fall abschneiden lassen. Da er ein Prinz war, war ihm alles erlaubt. Seine Haare wurden also immer länger und länger. Es störte den Prinzen nicht im Geringsten, dass er ständig für ein Mädchen gehalten wurde,

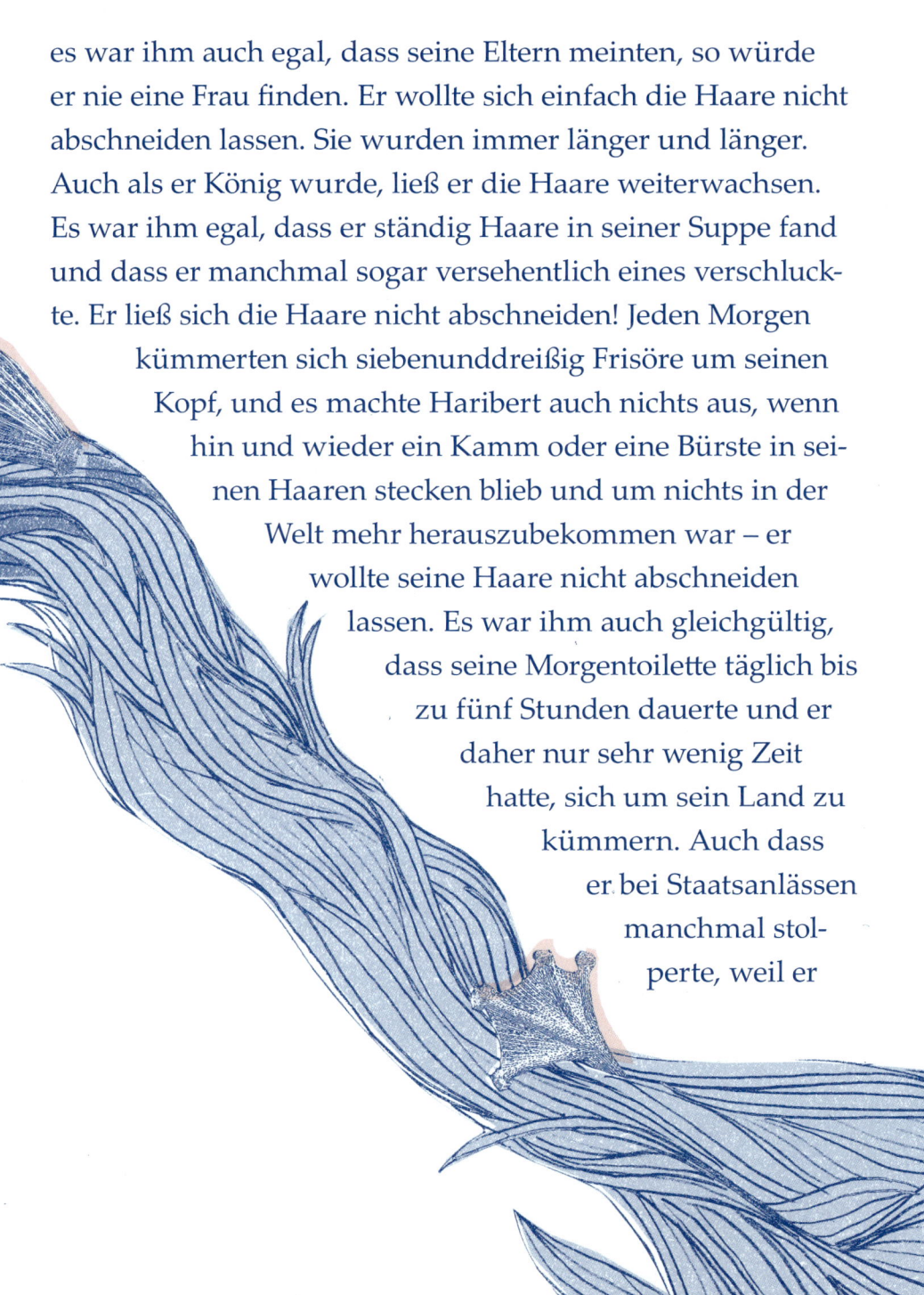

es war ihm auch egal, dass seine Eltern meinten, so würde er nie eine Frau finden. Er wollte sich einfach die Haare nicht abschneiden lassen. Sie wurden immer länger und länger. Auch als er König wurde, ließ er die Haare weiterwachsen. Es war ihm egal, dass er ständig Haare in seiner Suppe fand und dass er manchmal sogar versehentlich eines verschluckte. Er ließ sich die Haare nicht abschneiden! Jeden Morgen kümmerten sich siebenunddreißig Frisöre um seinen Kopf, und es machte Haribert auch nichts aus, wenn hin und wieder ein Kamm oder eine Bürste in seinen Haaren stecken blieb und um nichts in der Welt mehr herauszubekommen war – er wollte seine Haare nicht abschneiden lassen. Es war ihm auch gleichgültig, dass seine Morgentoilette täglich bis zu fünf Stunden dauerte und er daher nur sehr wenig Zeit hatte, sich um sein Land zu kümmern. Auch dass er bei Staatsanlässen manchmal stolperte, weil er

sich in seinen Haaren verfangen hatte, ließ ihn kalt. Er verzieh übrigens auch jedem, der versehentlich einmal auf seine Haare trat – und das kam öfter vor. Das alles war ihm völlig egal. Eines Tages aber wurde er fuchsteufelswild. Da hatte ihm nämlich ein Diener erzählt, dass es im Nachbarland einen König gebe, der noch längere Haare hätte als er. Sein Name war Harald. ›Unmöglich!‹, schrie Haribert und erklärte dem langhaarigen Harald sofort den Krieg. Alle Männer seines Landes mussten in das

Nachbarland ziehen und dort alles kurz und klein schlagen. Erst wenn sich Harald die Haare schneiden würde, wollte Haribert den Krieg beenden. Aber auch Harald wollte sich niemals die Haare schneiden lassen.

Und so dauerte der Krieg viele Jahre. Das war schlimm für die Männer beider Länder. Denn jetzt konnten sie zu Hause nicht ihrer Arbeit nachgehen und gemütlich bei ihren Frauen und Kindern sein. Irgendwann hatten sie den blöden Krieg einfach satt und sie verbrüderten sich. Sie nahmen Haribert und Harald einfach gefangen. Sie fesselten beide mit ihren eigenen Haaren! Unter großem Gelächter schoren sie dann beiden mitten auf dem Dorfplatz die Haare ab. Dann sperrten sie die beiden Glatzköpfe in einen tiefen Keller und regierten selbst das Land. Als Erstes erließen sie das Gesetz, dass jeder Mensch regelmäßig zum Frisör gehen muss. Seit diesem Tag hat kein langhaariger Prinz mehr einen Krieg angezettelt. Und was für ein Glück, dass auch du heute beim Frisör warst.« Fanny streicht Klee über die kurzen Haare, dann dreht sie sich auf den Bauch und schläft grunzend ein. Klee aber grübelt noch lange nach, ob Haareschneiden wirklich Kriege verhindert.

Warum ist die Ampel rot, gelb und grün?

Heute haben Fanny und Klee vor dem Zubettgehen »Straßen-
verkehr« gespielt. Denn Fanny hatte heute in der Schule
Verkehrserziehung. Sie hat Klee genau erklärt, wie eine
Ampel funktioniert. Bei Rot muss man stehen bleiben, bei
Grün darf man gehen, und wenn die Ampel gelb ist, dann
wird sie gleich rot, also sollte man auch stehen bleiben. Jetzt
liegt Klee in seinem Bett und denkt nach. »Du, Fanny«, fragt
er, »warum ist die Ampel eigentlich rot, grün und gelb und
nicht blau, grau und lila?« Das sind nämlich seine Lieblings-
farben. Fanny runzelt ihre Stirn. Jetzt muss sie sich eine
Geschichte ausdenken, sonst wird Klee keine Ruhe geben.
Sie dreht sich auf den Rücken, wickelt eine Haarsträhne um
ihren Zeigefinger, zieht ein bisschen daran und fängt an, zu
erzählen:
   »Vor vielen, vielen Jahren, als es noch keine Autos gab und
die Menschen noch in Höhlen lebten, gab es natürlich auch
noch keine Ampeln. Die Menschen und die Tiere rannten
durch die Gegend, wie es ihnen gerade passte. Meistens
begegneten sie sich dabei auch gar nicht. Nun gab es aber in

einer Gegend einen riesengroßen Apfelbaum, dessen Früchte nur ein oder zwei Wochen essbar waren. Dann verfaulten sie schon. Alle Tiere und auch die Menschen aßen furchtbar gern von diesen Äpfeln, denn sie waren besonders saftig. Dummerweise stand dieser Apfelbaum aber nicht auf freiem Feld, sondern mitten im Urwald, nur zwei schmale Wege, die sich kreuzten, führten dorthin. Eines Tages folgte ein Elefant einem Affen, der ihm von dem Apfelbaum erzählt hatte.
Der Affe rannte voller Vorfreude schnell voraus, der Elefant trottete schnaubend hinterher. Weil er nur immer auf den rosa Affenpopo starrte, um den Affen nicht zu verlieren, merkte der Elefanten gar nicht, dass von der rechten Seite ein Faultier angerannt kam. Da das Faultier für seine Begriffe auch ziemlich schnell unterwegs war, sah dieses wiederum den Elefanten gar nicht. Es kam zu einem Zusammenprall. Hinter dem Elefant aber war ein Nashorn gelaufen, das jetzt nicht mehr rechtzeitig bremsen konnte und mit seinem Horn direkt in den Elefantenhintern stolperte. ›Auaaa!‹, schrie der Elefant und wurde fuchsteufelswild. Aber auch das Faultier begann zu schimpfen und schon bald war zwischen den dreien ein Riesenstreit im Gange. Jeder gab dem anderen die Schuld: ›Du musst doch, bevor du um die Ecke biegst, schauen, ob da nicht schon einer läuft!‹, schrie das Faultier, und das Nashorn rief: ›Woher soll ich wissen, dass du plötzlich bremst?‹ Keiner wollte seine eigene Schuld eingestehen.

Da kam der Affe zurück, der sich inzwischen an Äpfeln voll-
gefressen und noch einige als Proviant mitgenommen hatte.
Er hörte dem Streit eine Weile zu, dann hatte er eine Idee.
›Damit es an dieser Kreuzung nicht noch einmal zu einem
Unfall kommt, werden wir hier ein Zeichen anbringen.
Schaut her, wenn ich einen roten Apfel hochhalte, dann müsst
ihr stehen bleiben, wenn ich einen grünen hochhalte, dürft
ihr gehen, und wenn ich einen gelben in die Luft halte, dann
wisst ihr, dass ihr euch beeilen müsst, um noch über die
Kreuzung zu kommen. Am besten aber ihr bleibt vorsichts-
halber stehen.‹ Die Tiere versöhnten sich und seitdem kam
es zu keinem Unfall mehr. Natürlich erfuhren auch die
Menschen davon, und als sie später die Autos erfanden,
übernahmen sie die Idee des Affen. Seitdem haben Ampeln
die Form und die Farbe von Äpfeln.« Mit diesen Worten rollt
sich Fanny auf den Bauch und schläft grunzend ein.

Warum haben Menschen kein Fell?

Heute schlüpft Klee zu seiner Schwester unter die Bettdecke, weil ihm so kalt ist. »Nimm sofort deine Eisfüße weg, Klee!«, schreit Fanny. »Aber du bist so schön warm!«, jammert Klee. Er macht sich ganz klein in Fannys Bett, zieht seine Beine an und schlingt die Arme darum. Aber es nützt nichts, er friert immer noch. »Ein Bär müsste man sein«, denkt er, »oder wenigstens eine Katze. Die frieren nie.« – »Du, Fanny?«, sagt er dann, »warum haben die Menschen eigentlich kein Fell?« Fanny seufzt. Jeden Abend stellt Klee ihr so eine Frage und sie weiß genau, er wird keine Ruhe geben, bevor sie ihm nicht geantwortet hat. Also dreht sie sich auf den Rücken, wickelt nachdenklich eine Haarsträhne um ihren Zeigefinger, zieht ein bisschen daran und fängt an, zu erzählen:

»Es war einmal eine Zeit, da lebten die Menschen noch nicht in Häusern, sondern in Höhlen. Sie brieten ihr Fleisch am Lagerfeuer und als Haustiere hielten sie sich Dinosaurier. Damals hatten die Menschen noch überall Haare. Am ganzen Körper. Auf den Armen, am Bauch, auf den Füßen, auf der Nase, überall. Es gab Menschen, die sahen von oben bis unten aus wie die dicken Rollen in der Autowaschanlage. Andere hatten überall lange Locken, die sie sich um den Körper wickelten. Kleider brauchten sie damals natürlich nicht. Aber sie brauchten große Mengen an Haarwaschmittel. Da es zu dieser Zeit aber noch keine Badezimmer mit Dusche oder Badewanne gab, wuschen sich die Menschen im Meer. Sie stellten sich bis zu den Ohren ins Wasser und rieben den ganzen Körper mit Shampoo ein. Dann stiegen sie aus dem Wasser und trockneten zufrieden ihren Haarpelz an der Sonne. Das Wasser, in dem sie sich wuschen, wurde von dem vielen Haarwaschmittel aber ganz trübe. Den Fischen im Wasser wurde schlecht davon, sie konnten kaum noch atmen. ›Diese Menschen mit ihren vielen Haaren bringen uns noch ins Grab!‹, schimpften sie, ›so kann das nicht weitergehen.‹ Also hielten sie in einem Korallenriff im Meer eine große Versammlung ab. Alle kamen: Delfine, Wale, Quallen, Krebse und Tintenfische. Sie überlegten lange hin und her. Am Ende gaben sie den Krebsen den Auftrag, den Menschen die Haare einfach abzuschneiden. Krebse haben nämlich Scherenhände. Anfangs merkten die Menschen gar nicht, dass ihre Haare immer kürzer wurden, je öfter sie ins Wasser stiegen. In dem trüben Wasser konnten sie die kleinen, blassen Krebse mit ihren Scheren gar nicht sehen. Irgendwann war es dann aber zu spät. Sie stiegen aus dem Wasser und waren überall kahl geschoren. Nur am Kopf nicht, denn den hatten sie ja immer über Wasser gehalten. Die Menschen warteten und warteten, aber die Haare wuchsen nicht mehr nach. Krebsscheren schneiden Haare nämlich für immer ab. Und das ist der Grund, warum wir heute nur noch auf dem Kopf Haare haben. Die abgeschnittenen Menschenhaare aber fielen auf den Meeresgrund und verwandelten sich dort in lange, glitschige, grüne Meeralgen.« Klee hat so gespannt zugehört, dass er ganz vergessen hat, zu frieren. Jetzt aber runzelt er die Stirn. »Du, Fanny?«, fragt er, »stimmt die Geschichte wirklich oder hast du dir die nur ausgedacht?« Aber da dreht sich Fanny auf den Bauch und schläft plötzlich tief und fest.

Warum gibt es Jungen und Mädchen?

Heute hat Klees Freund Pascal erzählt, dass er bald ein Geschwister bekommt. Pascal hofft, dass es ein Junge wird – so wie er. Klee überlegt, wie das wäre, wenn seine Schwester Fanny kein Mädchen, sondern ein Junge wäre. Vielleicht besser? Jetzt liegt Fanny neben ihm im Bett und ist kurz davor, einzuschlafen. Klee dreht sich zu ihr um, zieht sie am Ohr und fragt: »Du, Fanny, warum gibt es eigentlich Mädchen und Jungs?« Erst öffnet seine Schwester nur ein Auge. Als Klee sie noch mal am Ohr zupft, öffnet sie beide und verdreht sie Richtung Decke. Schon wieder so eine Klee-Frage! Wenn ihr jetzt nichts einfällt, wird er sie bis morgen früh piesacken. Fanny stöhnt. Dann dreht sie sich auf den Rücken, wickelt eine Haarsträhne um ihren Zeigefinger, zieht ein bisschen daran und sagt:

»Vor vielen Tausend Jahren, kurz nachdem die Erde entstanden ist, gab es keine Mädchen und keine Jungs, sondern einfach nur Menschen. Sie sahen alle ungefähr gleich aus, interessierten sich alle ungefähr für das Gleiche und waren immer einer Meinung. Das führte dazu, dass sie sich schon bald unendlich langweilten. Denn wenn der eine etwas gut fand, dann fand der andere das auch gut, und damit gab es nicht mehr viel zu bereden. Wenn sie Verstecken spielten, dann wusste der Suchende immer sofort, wo der andere war, weil er selbst sich auch dort versteckt hätte. Und wenn sie Wettrennen oder Kästchenhüpfen oder Weitspucken spielten, dann waren sie immer gleich gut. Wie langweilig! Eines Tages beobachteten zwei Menschen einen Hahn und eine Henne, die offensichtlich viel Spaß hatten. Erst rannte der Hahn der Henne hinterher und dann die Henne dem Hahn. Dann hackten sie ein bisschen aufeinander ein und stritten miteinander. Die zwei gelangweilten Menschen fanden das sehr spannend. Der eine seufzte und sagte: ›Die haben's gut!‹ und der andere dachte natürlich genau das Gleiche. Beiden fiel auf, dass der Hahn und die Henne ziemlich verschieden waren. Sie sahen sich nicht besonders ähnlich, und während der Hahn mit größtem Vergnügen auf dem Misthaufen stand, mochte die Henne viel lieber die dunklen Ecken des Hühnerstalls. ›Wenn wir nur auch ein bisschen verschieden wären‹, dachten die beiden Menschen gleichzeitig und sie beschlossen, einen alten Magier um Hilfe zu bitten. Der Magier verlangte von jedem von ihnen ein Haar, eine Hautschuppe und einen Fingernagel. Er nahm zwei Kupferkessel, gab in den einen das Haar, die Hautschuppe und den Fingernagel des einen Menschen sowie Blumen und Zweige und in den anderen das

Haar, die Hautschuppe und den Fingernagel des anderen, gemischt mit Steinen und Muscheln.

Dann gab er jedem der beiden Menschen nur von einem der beiden Tränke zu trinken. Es zischte und puffte und Peng: Aus dem einen Menschen wurde ein Mädchen und aus dem anderen ein Junge. Sie sahen sich jetzt nicht mehr ganz so ähnlich, und als das Mädchen sagte, der kürzeste Weg nach Hause sei der durch den Wald, meinte der Junge, über den Fluss ginge es viel schneller. Und schon stritten sie sich. Zum allererstem Mal! Das Leben wurde interessant! Es stellte sich heraus, dass das Mädchen wesentlich weiter spucken konnte als der Junge. Dieser konnte aber schneller rennen. Wettbewerbe machten jetzt erst richtig Spaß. Und wenn sie Verstecken spielten, wäre der Junge nie im Leben auf die Idee gekommen, sich im Hühnerstall zu verstecken – wie das Mädchen. Er hätte sich in den Misthaufen gewühlt. So. Jetzt weißt du, warum es Mädchen und Jungen gibt und warum sie auch nie gleichzeitig einschlafen«, sagt Fanny, dreht sich auf den Bauch und schnarcht ganz furchtbar laut.

Warum muss man sich die Zähne putzen?

Gerade eben hatte Klee einen Riesenstreit mit Papa, weil er seine Zähne nicht putzen wollte. Zum hunderttausendsten Mal musste er sich die Geschichte von »Karies und Baktus« anhören, die die Zähne kaputt machen. Jetzt sitzt Klee düster auf der Bettkante. Nach einer Weile fragt er seine Schwester wütend: »Warum muss man sich eigentlich immer seine blöden Zähne putzen?« Fanny überlegt. Jetzt muss sie sich etwas Gutes einfallen lassen. Wenn Klee schlecht gelaunt ist, kann das fürchterlich sein! Sie dreht sich auf den Rücken, wickelt eine Haarsträhne um ihren Zeigefinger, zieht ein bisschen daran und fängt an, zu erzählen:

   »Es war einmal eine Prinzessin, die hatte wunderschönes goldenes Haar. Sie bürstete es jeden Morgen eine Stunde und jeden Abend zwei. Davon wurde das Haar immer glänzender. Im ganzen Land sprach man von der Prinzessin mit den goldenen Haaren, und jeden Tag kamen mindestens siebenundzwanzig Bewunderer und hielten um ihre Hand an. Alles im Leben der Prinzessin drehte sich um ihre Haare. Sehr zum Verdruss ihrer Zähne. ›Uns bürstet niemand!‹, dachten sie finster, und das ärgerte sie so, dass sie schwarz wurden. Als die Prinzessin merkte, dass ihre Zähne nicht mehr so schön waren, lachte sie nicht mehr, sondern lächelte nur noch, damit man ihre Zähne nicht sah. Sie sprach aus diesem Grund auch nicht mehr viel. Das fanden ihre Bewunderer aber gerade gut. ›Was für ein hinreißendes Lächeln‹, riefen sie ›und wie bescheiden sie ist.‹ Das wiederum ärgerte die Zähne der Prinzessin noch mehr. Denn da ihr Mund jetzt meistens geschlossen blieb, bekamen sie kaum noch frische Luft. Sie fanden es außerdem empörend, so versteckt zu werden. Sie wurden darüber so wütend, dass sie anfingen zu beben, und eines Tages, als die Prinzessin doch einmal wieder ihren Mund für einen Löffel Suppe öffnete, fielen ihr alle Zähne wutschnaubend aus, mitten hinein in den Suppenteller. Jetzt sah das Lächeln der Prinzessin nicht mehr reizend aus, sondern sehr schief. ›Igitt!‹, riefen die Bewunderer, als sie sie sahen, und da nützten der Prinzessin auch ihre goldenen Haare nichts mehr. Also suchte sie sich einen anderen Beruf als Prinzessin. Sie wurde Zahnärztin. Sie bastelte sich selbst ein Gebiss und sie erfand die Zahnbürste. Denn hätte sie ihre Zähne früher gebürstet, wären sie ja im Mund geblieben. Die Leute lachten über ihre Erfindung: ›Die hat wohl Haare auf den Zähnen, die sie bürsten muss!‹ Aber irgendwann kam doch mal einer in ihre Praxis, weil auch seine Zähne sich schwarz geärgert hatten. Die ehemalige

Prinzessin erklärte ihm die Vorteile ihrer Zahnbürste, und dabei war sie so wortgewandt, dass der Patient ihr die Bürste abkaufte und versprach, sie täglich zu benutzen. Tatsächlich wurden seine Zähne wieder weiß. Das sprach sich herum und bald rissen sich alle um die Zahnbürsten der ehemaligen Prinzessin. Dazu trug auch bei, dass sie sich so geschickt und überzeugend ausdrücken konnte. Noch heute sagt man, dass jemand Haare auf den Zähnen hat, wenn er sehr gut reden kann. Manchmal allerdings konnte die Prinzessin reden, soviel sie wollte, einige ihrer Patienten wollten sich einfach nicht die Zähne bürsten. Dann griff sie zu ihrem allerletzten Mittel: Sie nahm ihr Gebiss heraus und lächelte schief.« Bei diesen Worten zieht Fanny eine fürchterliche Grimasse. So fürchterlich, dass Klee kichern muss. »Jetzt weißt du, warum jeder seine Zähne putzt«, sagt sie streng, kitzelt Klee am Fuß, dreht sich auf den Bauch und schläft grunzend ein.

Warum klatscht man in die Hände, wenn man etwas gut findet?

Heute hat Fanny in der Schule mit ihrer Flötengruppe eine Aufführung gehabt. Am Ende haben alle in die Hände geklatscht und Fanny hat sich dreimal verbeugt. Klee hat so fest geklatscht, dass seine Hände ganz rot wurden. Jetzt liegt er in seinem Bett und denkt darüber nach. »Du, Fanny«, fragt er, »warum klatscht man eigentlich in die Hände, wenn man was gut findet?« Fanny stöhnt. Sie weiß genau, jetzt muss sie eine Antwort finden, sonst wird Klee keine Ruhe geben. Also dreht sie sich auf den Rücken, wickelt eine Haarsträhne um den Zeigefinger, zieht ein bisschen daran und fängt an, zu erzählen:

»Früher, als das Klatschen noch nicht erfunden war, lebte ein Mädchen namens Palinda bei einer giftigen alten Frau, die ihr nichts Gutes wollte. Den ganzen Tag musste Palinda für sie arbeiten: Wäsche waschen, Böden schrubben, den Hof kehren usw. Palinda konnte ihre Arbeit noch so gut erledigen, immer war die alte Frau unzufrieden und schimpfte. Das lag daran, dass sie fürchterlich neidisch auf Palinda war. Palinda hatte nämlich eine wunderschöne Stimme. Wenn sie ein Liedchen sang, dann hörten die Kühe im Stall auf zu muhen, die Schweine hörten auf zu grunzen und die Hühner zu gackern. Alle lauschten versonnen. Irgendwann hörte auch der König von Palindas ungewöhnlicher Stimme und bat sie, am Hof zu singen. Das erste Mal sollte sie anlässlich des zwanzigsten Geburtstags seines Sohnes vor großem Publikum auftreten. Palinda, fühlte sich von dieser Bitte geehrt, aber sie wurde auch sehr nervös. Denn sie dachte, dafür noch viel üben zu müssen. Die alte Frau aber platzte fast vor Neid und verbot Palinda, im Haus zu singen. Also ging das Mädchen abends nach draußen, um dort zu üben. Die Alte schlich ihr aber hinterher. Palinda stellte sich an einen Weiher und sang. Die Frösche hörten auf zu quaken und die Grillen zu zirpen. Die Mücken aber waren so verzaubert, dass sie in den Mund flogen, aus dem die schöne Melodie kam. Palinda musste fürchterlich husten. Da lachte die Alte zufrieden und rieb sich die Hände. Am Geburtstag des Prinzen ging Palinda geknickt zum Königshof, denn weder drinnen noch draußen hatte sie üben können. Die giftige Alte begleitete sie und setzte sich im Festsaal in die letzte Reihe. Als Palinda anfing zu singen, wurde es sofort ganz still im Publikum. Da öffnete die Alte ein Glasgefäß, in dem sie siebzehn Mücken gefangen hatte. Diese machten sich sofort auf den Weg zur Bühne. Eine davon flog aber dicht an der Nase des Königs vorbei, dieser schreckte hoch und klatschte in die Hände, um die Mücke

zu fangen. Das Publikum sah verwundert auf den peinlich
berührten König. Aber da schwirrten auch schon vor ihren
Nasen Mücken und so klatschten auch andere Zuschauer in
die Hände. Diejenigen, die keine Mücken sahen, dachten, in
die Hände klatschen sei eine Sitte des Hofes, und klatschten
auch. Bald klatschte also der ganze Saal. Palinda hörte auf zu
singen und wusste nicht, was tun. Aber da schrie der Prinz
›Bravo!‹, erhob sich von seinem Stuhl und klatschte extra laut.
Seit diesem Tag ist es allgemeiner Brauch, in die Hände zu
klatschen, wenn man etwas gut findet. Die böse Alte aber
wurde noch am selben Abend von allen überlebenden
Mücken gestochen. Und der Prinz hat Palinda natürlich
geheiratet.« »Natürlich«, sagt Klee. »Genau«, sagt Fanny,
dreht sich auf den Bauch und schläft grunzend ein.

Warum sind in der Bettdecke Federn?

Klee liegt schon im Bett und betrachtet eine kleine, weiße Feder, die neben seinem Kopfkissen liegt. »Du, Fanny«, fragt er nachdenklich, »warum stecken eigentlich Federn im Bettzeug?« Fanny seufzt. Jetzt muss sie sich eine gute Geschichte einfallen lassen, sonst wird Klee keine Ruhe geben. Sie dreht sich auf den Rücken, wickelt langsam eine Haarsträhne um den Finger, zieht ein bisschen daran und fängt an, zu erzählen:

»Es war einmal ein Bauernhof am Fuße der Berge. Dort lebten der Bauer und die Bäuerin und viele Tiere: zehn Schweine, sieben Kühe, ein Hund, zwei Katzen, fünfzehn Hühner, ein Hahn und noch viele andere. Jeden Morgen vor den ersten Sonnenstrahlen stand der Hahn auf dem Misthaufen und krähte aus Leibeskräften. Es war aber ein schwermütiger Hahn und sein Krähen klang immer ein bisschen traurig. Dabei hätte er eigentlich zufrieden sein können, denn er hatte immer genug zu essen

42

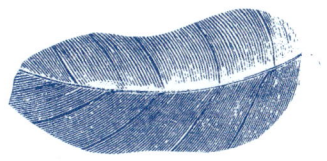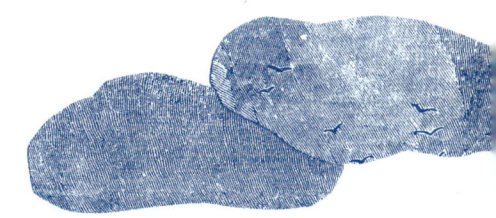

und fünfzehn Hühner, die ihn anhimmelten. Aber irgendwie überkam ihn immer wieder eine große Sehnsucht, er wusste selbst nicht, wonach. Eines Morgens, als er wieder so stand und krähte, bemerkte er einen dunklen Punkt am Himmel, der immer näher kam.

›Was mag das sein?‹, fragte er sich und zog seine Federn zusammen. Seit ein paar Tagen war es deutlich kühler geworden. Bald darauf hörte er ein Flattern und schon nahm ein großer Vogel neben ihm Platz. Er sah ein bisschen aus wie eine Gans, aber er hatte keine weißen Federn, sondern graue. Dem Hahn kam es vor, als hätte er noch nie in seinem Leben einen so schönen Vogel gesehen. ›Wer bist du?‹ – ›Eine Wildgans auf der Durchreise‹, sagte der Vogel. ›Oh!‹, sagte der Hahn. Dann erzählte die Wildgans dem Hahn alles über ihr Leben. Im Sommer verbrachte sie ihre Zeit in Deutschland, aber im Winter flog sie nach Nordafrika. Sie erzählte dem Hahn vom Meer und den Bergen Afrikas, was es dort Köstliches zu essen gab und wie die Menschen aussahen. ›Afrika!‹, wiederholte der Hahn, und er hätte alles gegeben, um auch dort leben zu können. ›Komm doch mit!‹, sagte die Gans. Da wurde der Hahn sehr traurig: ›Hähne können nicht fliegen‹, sagte er leise. Die Wildgans blieb sieben Tage und der Hahn verliebte sich unsterblich in sie. Den Hühnern gefiel das gar nicht. Sie gackerten mürrisch, wenn sie die Wildgans nur sahen. Dann kam der Tag des Abschieds. Auch die Wildgans war traurig, denn sie hatte den Hahn ebenfalls lieb gewonnen. ›Ich will dir ein Geheimnis verraten‹, sagte sie leise, ›wer auf einer Gänsefeder schläft, kann fliegen. Aber nur nachts.‹ Sie rupfte sich drei kleine Gänsefedern aus und schenkte sie dem Hahn. Dann flog sie weg. Am Abend legte der Hahn die Gänsefedern unter sein Kopfkissen und schlief traurig ein. Doch was war das? Plötzlich war er in der Luft, er flog neben

der Wildgans! Unter ihm glitzerte es blau. Das musste das Meer sein! Noch nie war der Hahn so glücklich gewesen. Dummerweise hatte eines der eifersüchtigen Hühner das Geheimnis der Wildgans belauscht und erzählte es – wie Hühner nun mal so sind – allen, die es hören wollten. So kam es, dass sogar der Bauer und die Bäuerin davon erfuhren. Seitdem stopfen die Menschen Gänsefedern in ihr Bettzeug, und wenn sie tief schlafen, fangen auch sie an, zu fliegen. Probier's mal aus und jetzt gute Nacht!« Fanny dreht sich auf den Bauch, macht die Augen zu und schläft grunzend ein.

Warum
speit ein Vulkan Feuer?

Heute hat Klee eine Postkarte von Opa bekommen. Auf der Karte war ein Berg zu sehen, und darunter stand: Vesuv. Papa hat erzählt, dass das ein Vulkan in Italien ist und dass Vulkane Feuer speien. Jetzt liegt Klee im Bett und fragt: »Du, Fanny, warum spucken Vulkane eigentlich Feuer?« Seine Schwester stöhnt. Jetzt muss sie sich etwas einfallen lassen, sonst wird ihr Bruder keine Ruhe geben. Also dreht sie sich auf den Rücken, wickelt eine Haarsträhne um ihren Zeigefinger, zieht ein bisschen daran und fängt an, zu erzählen:

»Es war einmal ein Drache, der jeden Tag im Wald auf eine Prinzessin wartete, die er fressen könnte. Eines Tages kam eine Kutsche vorbei. Darin saßen eine Prinzessin und ihre Köchin. Sie hatten soeben zu Mittag gespeist und löffelten nun ihren Nachtisch. Der Drache begann fürchterlich zu brüllen, warf die Kutsche um, griff in dem Durcheinander die Köchin statt der Prinzessin und galoppierte davon. Erst als er in seinem Unterschlupf, dem Inneren eines Berges, angekommen war, bemerkte er seinen Irrtum. ›Verflucht! Du bist ja gar keine Prinzessin!‹, schnaubte er wütend. ›Was soll ich jetzt mit dir anfangen? Ich fresse nur Prinzessinnen!‹ – ›Es gibt doch auch andere Dinge, die lecker schmecken‹, sagte die Köchin. ›Pf! Was denn?‹, schnaubte der Drache. ›Na, zum Beispiel Rinderfilet im Speckmantel oder gefüllte Auberginen an Zitronenreis oder …‹ ›Schon gut, schon gut‹, knurrte der Drache, ›dann koch mir eben was, aber bitte immer schön heiß.‹ Die Köchin begann zu kochen und an diesem Tag sah man zum ersten Mal eine Rauchwolke aus dem Berg auf-steigen. Der Drache fraß alles auf und es schmeckte ihm gar nicht mal schlecht. Eines Tages fragte er: ›Was war das eigentlich für ein Nachtisch, den ihr damals in der Kutsche gegessen habt?‹ ›Das war Himbeerpudding. Meine Speziali-tät‹, sagte die Köchin stolz. Sie war im ganzen Land berühmt für ihren Himbeerpudding. ›Dann mach mir auch so einen Pudding!‹, schnauzte der Drache. ›Aber du magst doch keine Kaltspeisen!‹ – ›Dann mach mir eben heißen Himbeerpud-ding.‹ – ›Das geht nicht‹, sagte die Köchin streng, ›man macht den Pudding zwar erst warm, aber dann muss man ihn ab-kühlen lassen. Sonst lässt er sich nicht stürzen.‹ ›Mach mir sofort Pudding!‹, fauchte der Drache und aus seinen Nüstern stob bedrohlich Feuer. Also begann die Köchin zu kochen. Als der Pudding heiß über dem Feuer blubberte, fiel der Drache über den Topf her und fraß alles ratzeputz auf. Da wurde die Köchin fuchsteufelswild. Sie ließ sich ja vieles gefallen! Für eine verzogene Prinzessin zu kochen oder von einem trotteligen Drachen verschleppt zu werden, alles schön und gut, aber ihren einmaligen Himbeerpudding zu essen, bevor er fertig war, das war zu viel! Sie warf ihre Schürze zu Boden und verließ wutschnaubend Drachen und Berg. Der Drache aber hatte noch nie in seinem Leben etwas so Köstliches wie diesen Pudding gegessen. Von diesem Tag an versuchte er, selbst Himbeerpudding zu kochen. Aber da er so ungeschickt war, lief ihm ständig die Milch über. Deswegen schwappte regelmäßig rosarote Himbeermatsche oben aus dem Berg. Das nennen die Menschen heute Lava, und weil sie so heiß ist, sagen sie, dass der Berg Feuer spuckt. Alles klar?« »Hmja«, sagt Klee und denkt an riesige Ströme von Himbeerpudding. »Na dann gute Nacht!«, sagt Fanny, dreht sich auf den Bauch und schläft grunzend ein.

Warum haben Marienkäfer schwarze Punkte?

Klee liegt in seinem Bett und beobachtet, wie ein leuchtend roter Marienkäfer auf seiner Zeigefingerspitze herumkrabbelt. Drei, vier, fünf Punkte zählt Klee. Wie das kitzelt! »Du, Fanny«, fragt er seine Schwester, »warum haben Marienkäfer eigentlich schwarze Punkte?« Fanny stöhnt. Immer diese Fragen von ihrem Bruder! Wenn ihr jetzt nichts einfällt, wird Klee sicher keine Ruhe geben. Seufzend dreht sie sich auf den Rücken, wickelt eine Haarsträhne um den Finger, zieht ein bisschen daran und legt los:

»Wie jeder weiß, sahen die Menschen und Tiere vor Millionen von Jahren ganz anders aus als heute. Zu Zeiten der Dinosaurier zum Beispiel hatten die Marienkäfer noch keine Punkte, und ihre Körper waren nicht rund, sondern eckig. Sie sahen aus wie kleine rote Würfelchen auf schwarzen Beinen. Deswegen verwendeten die Dinosaurier sie auch für ihre Lieblingsbeschäftigung: das Glücksspiel. Mit ihrem Feueratem brannten sie den Käfern schwarze Punkte auf den Leib, steckten sie in Trinkbecher aus Horn und benutzten sie als Spielwürfel. Ganze Nachmittage lang konnten die Dino-

49

saurier um die Wette würfeln. Nie wurde es ihnen dabei langweilig. Die Marienkäfer selbst waren dabei aber alles andere als glücklich. Das Einbrennen der schwarzen Punkte tat ihnen zwar nicht weh, denn ihre Haut war wie ein gefühlloser Panzer, aber das viele Herumgeschütteltwerden machte ihnen zu schaffen. Sie wurden davon ganz schwummerig im Kopf. Manche konnten nach so einem Würfelnachmittag tagelang nicht mehr geradeaus gehen, andere waren so durcheinander, dass sie dachten, selbst ein Dinosaurier zu sein, und sich dementsprechend danebenbenahmen, und wieder andere ernährten sich in ihrer Verwirrtheit statt von Blattläusen von lausigen Blättern. Das war sehr ungesund!

Würfel ☞

zugreifen!

Irgendwann war das Marienkäfervolk derart aus den Fugen geraten, dass ihre Anführer es für nötig hielten, eine Ratsversammlung einzuberufen. Gemeinsam wollten sie überlegen, wie sie es verhindern konnten, als Würfel missbraucht zu werden. ›Wenn es uns nur gelänge, die schwarzen Punkte von unseren Körpern abzuwaschen!‹, rief ein dicker Marienkäfer mit neun Punkten, dann wären wir zum Würfeln nicht mehr zu gebrauchen!‹ Aber das hatten die Marienkäfer schon oft versucht. Wie hatten sie sich schon geputzt, gewaschen und abgerieben! Doch die schwarzen Punkte waren nicht mehr wegzubekommen. Ja, noch schlimmer, sie vererbten sich sogar! Ratlos sahen sich die Käfer an. Einige wollten schon gehen. Andere kratzten sich verwirrt am Kopf und

wussten gar nicht mehr, warum sie überhaupt gekommen waren. Da sagte ein kleiner Marienkäfer mit nur zwei Punkten: ›Wenn wir nicht eckig wären, sondern rund, dann wären wir als Würfel unbrauchbar!‹ ›Das isses!‹, riefen alle durcheinander. Und sofort begannen sie, sich ihre Ecken gegenseitig abzuschleifen. Sie stellten sich Seite an Seite und rubbelten ihre Kanten gegeneinander, so lange, bis sie verschwanden. Aus den eckigen wurden allmählich halbkugelförmige Käfer. Am nächsten Nachmittag kullerten sie den verdutzten Dinosauriern einfach davon. So kam es, dass die Dinosaurier mit der Zeit ausstarben. Ohne ihr Würfelspiel langweilten sie sich einfach zu Tode. Die Marienkäfer aber vermehrten sich umso besser. Noch heute sagt man, dass Marienkäfer Glück bringen – obwohl sie schon so lange nicht mehr fürs Glücksspiel verwendet werden. Und jetzt schlaf gut«, sagt Fanny, dreht sich laut gähnend auf den Bauch, schließt die Augen und schläft ein.

Warum gibt es Wolken?

Heute lagen Fanny und Klee lange auf der Wiese und beobachteten die Wolken. Klee sah jede Menge Drachen und Ungeheuer und Fanny mehrere Schlümpfe und ein Känguru. Gemütlich in die Bettdecke gekuschelt, fragt Klee jetzt seine Schwester: »Du, Fanny, warum gibt es eigentlich Wolken?« Fanny seufzt. Wenn ihr jetzt nichts einfällt, wird Klee so schnell keine Ruhe geben. Also dreht sie sich auf den Rücken, wickelt eine Haarsträhne um ihren Zeigefinger, zieht ein bisschen daran und fängt an, zu erzählen:

»Vor vielen Jahren gab es auf der Erde noch keine Wolken. Der Himmel war tagsüber immer blau und nachts schwarz. Ganz weit oben im Himmel lebten die Feen, Geister und Gespenster und auf der Erde die Menschen. Sie interessierten sich nicht sehr füreinander. Eines Tages aber feierte ein Geist namens Hu seinen siebzehnten Geburtstag, und er aß so viel Sahnetorte, dass er immer schwerer und schwerer wurde. So sank er langsam auf die Erde und kam zufällig gerade vor der Nase von Blanche zum Stehen. Blanche war ein Mädchen mit so weißer Haut, dass viele sagten, man könne durch sie hindurchsehen. Sie hatte weißblondes Haar und auch ihre Wimpern und Augenbrauen waren fast weiß. Hu verliebte sich sofort unsterblich in sie und umgekehrt. Die beiden hatten gerade beschlossen, für immer zusammenzubleiben, als Hu plötzlich wieder leichter und leichter wurde – offensichtlich hatte er die Sahnetorte verdaut. Unter lautem Jammern und Klagen schwebte er in den Himmel zurück. Kaum oben angekommen, trat er vor den Rat der Geister und Feen, um zu erfahren, wie er zu Blanche zurückkehren könne. Doch zu seinem Entsetzen riefen die Geister: ›Das ist unmöglich! Blanche ist für den Himmel zu schwer und du bist für die Erde zu leicht!‹ – ›Es gibt nur eine Möglichkeit‹, sagte eine Fee mit rosa Haaren, ›nur wenn Blanche sieben Jahre an der Stelle, an der ihr euch getroffen habt, auf dich wartet, nur dann könnt ihr wieder zusammenkommen.‹ Hu war natürlich niedergeschlagen. Mit einer Brieftaube schickte er Blanche die traurige Nachricht. Diese aber setzte

sich sogleich an die Stelle, an der sie Hu zum ersten Mal gesehen hatte, und wartete. ›Sieben Jahre! Wie soll sie das aushalten?‹, dachte Hu, ›die Sonne wird ihre schöne weiße Haut ganz schwarz machen!‹ In seiner Not stibitzte er die Pfeife seines Uropas und schon bald bedeckte dicker, weißer Rauch den Himmel. So kam es, dass die Menschen zum ersten Mal Wolken sahen. Blanches Haut aber blieb weiß, denn die Sonnenstrahlen kamen durch die Wolken kaum noch hindurch. Ab und an, wenn Hu sich darüber klar wurde, dass erst eine Woche, zwei Monate oder drei Jahre vergangen waren, fing er bitter an zu weinen. Dann regnete es auf der Erde und Blanche musste nicht verdursten. Das Wichtigste aber war, dass Blanche sieben Jahre lang die Wolken beobachten konnte und sich so nicht zu sehr langweilte. Sie sah am Himmel Drachenschwänze, Ringelblumen und Schwanenhälse, und die sieben Jahre waren wie sieben Stunden für sie. Dann sahen Hu und Blanche sich wieder. Zu zweit entschwebten sie in den Himmel, und wer Glück hat, kann sie heute noch dort oben in den Wolken erkennen.« Mit diesen Worten dreht Fanny sich auf den Bauch und schläft leise grunzend ein.

Warum muss man sich waschen?

Heute hat sich Klee mit Papa gestritten, weil Klee sich nicht waschen wollte. »Du, Fanny«, fragt er abends von seinem Bett aus, »warum muss man sich überhaupt waschen?« Fanny seufzt. Jetzt muss sie sich eine Geschichte einfallen lassen, sonst wird Klee keine Ruhe geben. Also dreht sie sich auf den Rücken, wickelt eine Haarsträhne um den Finger, zieht ein bisschen daran und fängt an, zu erzählen:

»Der Mensch stammt ja bekanntlich vom Bären ab. Ganz früher gab es zwei Sorten von Bären: die Waschbären und die Dreckbären. Sie waren zwar nicht gerade miteinander verfeindet, aber sie gingen sich aus dem Weg. Denn die Waschbären verbrachten ihren Tag fast ausschließlich im Wasser. Sie putzten sich dort stundenlang die Zähne, schrubbten sich gegenseitig den Rücken ab, reinigten sich ausgiebig die Ohren und pulten den Schmutz unter den Zehennägeln heraus. Die Dreckbären hingegen verabscheuten Wasser und suhlten sich lieber im Schlamm. Da die Waschbären meistens nass waren, wollte kein Dreckbär mit einem Waschbären etwas zu tun haben. Da die Dreckbären aber fürchterlich stanken, wollten auch die Waschbären nichts von ihnen wissen. Nun geschah es, dass eine kleine Dreckbärin ihre Eltern verlor. Sie waren auf die Jagd gegangen und nicht mehr wiedergekommen. Die Kleine war ganz allein. Nur deshalb kam sie auf die Idee, ihr Spiegelbild im Wasser eines reißenden Flusses zu betrachten. Sie bückte sich weit hinunter, noch weiter und – platsch – landete sie im Wasser. Natürlich konnte sie nicht schwimmen, und sie wäre jämmerlich ertrunken, wenn ein kleiner Waschbär sie nicht herausgezogen hätte. Von dem Tag an wurden sie Freunde. Es machte dem Waschbären gar nichts aus, dass die Dreckbärin etwas müffelte. Und die Dreckbärin fand Wasser – wenn man nicht gerade darin ertrank – auch nicht so schlimm. Einige Jahre später trocknete der Fluss, an dem die Familie des Waschbären lebte, aus, und der Familienrat beschloss, sich weit weg eine neue Bleibe zu suchen. Die kleine Dreckbärin und der kleine Waschbär waren darüber sehr traurig, denn sie wollten sich nicht trennen. Obwohl die Familie des Waschbären es nicht gerne sah, waren die beiden inzwischen ein Liebespaar geworden. Der Waschbär wollte die Dreckbärin auf keinen Fall verlassen: ›Ich werde dich einfach heiraten, dann gehörst du zur Familie und kannst mitkommen!‹ – ›Das erlauben deine Eltern niemals!‹, jammerte die Dreckbärin. Doch der Waschbär ließ nicht locker, er trug seine Idee seinen Eltern vor. Daraufhin wurde ein Familienrat einberufen. Drei Tage

und Nächte diskutierte die Waschbärensippe, ob ein Wasch-
und ein Dreckbär heiraten durften. Schließlich erlaubten sie
es, aber unter einer Bedingung: Alle Kinder des Paares mussten zu Waschbären erzogen werden. Und so geschah es auch.
Das Wasch- und Dreckbärenpaar bekam viele Kinder und die
bekamen auch wieder viele Kinder. Alle mussten sich von
klein auf gründlich waschen und so ist es bis heute. Auch
wir – die Nachkommen des Bärenpaars – müssen uns waschen. Bei manchen merkt man aber heute noch, ob sie eher
dem Waschbären oder der Dreckbärin nachschlagen. Du
gehörst bestimmt zu den Dreckbären!« Mit diesen Worten
dreht sich Fanny auf den Bauch und schläft grunzend ein.

Warum gibt es glatte und gelockte Haare?

Fanny kämmt gerade ihre langen, glatten Haare und Klee schaut ihr dabei zu. Er selbst hat braune Locken. Komisch, denkt er und fragt: »Du, Fanny, warum gibt's eigentlich glatte und gelockte Haare?« Fanny denkt nach. Jetzt muss sie sich etwas einfallen lassen, sonst wird Klee keine Ruhe geben. Sie dreht sich auf den Rücken, wickelt eine Haarsträhne um den Finger und fängt an, zu erzählen:

»In einem Dorf am Meer lebten einmal zwei Köche, die sich ständig stritten. Jeder glaubte nämlich, besser kochen zu können als der andere. Das ging so weit, dass sie sogar die Gäste des anderen beschimpften und sagten, diese hätten keinen Geschmack. Eines Tages wurde der Streit dem Dorfältesten zu dumm. Er war ein weiser Mann, von dem man sagte, er besäße Zauberkräfte. Um ein für alle Mal zu entscheiden, wer der bessere Koch war, setzte er ein Wettkochen an. Aus den drei Zutaten Salz, Wasser und Weizen sollte jeder ein Gericht kochen. Die Dorfbewohner würden dann entscheiden, welches das bessere war. Die beiden Köche zogen sich drei Tage zurück und probierten alles Mögliche aus. Beide hatten schließlich – ohne es zu wissen – die gleiche Idee, was sie mit den drei Zutaten anstellen wollten. Beide hatten aber auch Angst, dass der andere eine noch bessere Idee haben könnte. Deswegen besuchte jeder von ihnen einige Dorfbewohner und gab ihnen Geld, damit sie am Tag des Wettkochens – egal, wie es ihnen schmeckte – für ihn stimmen würden. Als der große Tag endlich gekommen war, machten beide Köche aus den Zutaten einen Teig. Der eine formte daraus lange, dünne Stäbe und breite, kurze Streifen, nannte sie Spaghetti und Tagliatelle und warf sie in kochendes Wasser. Der andere formte auch einen Teig, aber er machte daraus spiral- und wellenförmige Streifen, nannte sie Fusilli und Girandole und warf sie ebenfalls in kochendes Wasser. Beide hatten die Nudeln erfunden. Als die langen, glatten Nudeln des einen und die gekringelten und welligen Nudeln des anderen fertig waren, sagte der weise Mann: ›Damit keiner der Dorfbewohner eine unehrliche Antwort gibt, nur um dem einen oder anderen Koch zu gefallen, habe ich alle Dorfbewohner mit einem Zauber belegt. Ihr braucht gar nicht sagen, welche Nudeln euch am besten schmecken, man wird es euch ansehen.‹ Sowohl die Dorfbewohner als auch die beiden Köche wurden

DIE BESTEN!

nun unruhig, aber es gab kein Zurück mehr. Die Nudeln wurden serviert und die Dorfbewohner aßen davon. Da merkten sie plötzlich, wie sich ihre Haare veränderten. Wem die Spaghetti besser schmeckten, der bekam ganz glatte Haare, und wem die Fusilli lieber waren, der bekam gelocktes Haar. Der weise Mann zählte nun die glatthaarigen und die gelockten Dorfbewohner ab und stellte fest, es waren genau gleich viele. ›Bleiben nur noch zwei, die noch nicht gekostet haben‹, sagte er, ›die Köche selbst.‹ Also probierte der Spaghettikoch die Fusilli und der Fusillikoch die Spaghetti – und was geschah? Der Erste bekam Locken und der Zweite glattes Haar. Einem jeden schmeckten die Nudeln des anderen besser. Das versöhnte die beiden Köche und von da an stritten sie nicht mehr miteinander. Seit diesem Tag aber gibt es auf der ganzen Welt gelockte und glatthaarige Menschen, und daran sieht man, dass die Geschmäcker verschieden sind«, sagt Fanny, dreht sich auf den Rücken und schläft grunzend ein.

Warum verlieren Menschen ihre Zähne?

Seit heute hat Fanny vorne im Mund eine große Zahnlücke, denn ihr ist ein Schneidezahn ausgefallen. Sie liegt im Bett, grinst Klee an und drückt stolz die Zunge durch die Lücke. Klee findet die Zahnlücke irgendwie komisch. »Du, Fanny, warum verlieren die Menschen eigentlich ihre Zähne?«, fragt er. Fanny runzelt die Stirn. Da muss sie sich jetzt eine Geschichte einfallen lassen, sonst gibt ihr kleiner Bruder den ganzen Abend keine Ruhe, das weiß sie schon. Also dreht sie sich auf den Rücken, wickelt eine Haarsträhne um ihren Zeigefinger, zieht ein bisschen daran und fängt an, zu erzählen:

»Vor langer, langer Zeit lebte einmal eine Mutter, die hatte ein kleines, süßes Baby. Aber weil es seit Monaten nicht geregnet hatte, konnte sie im ganzen Land keine Milch für das Baby finden. Die Kühe und Ziegen hatten kein Gras zu fressen und gaben deshalb keine Milch und sie selbst konnte dem Kind auch keine Milch geben. Das Baby war schon ganz blass und krank und die Mutter war in schrecklicher Sorge. Am Ende blieb ihr nichts anderes übrig, als zu dem Zauberer

Willibald Weißendorn zu gehen. Im ganzen Land munkelte man, dass Willibald in seinem Keller Unmengen von Milch und Sahne hortete. Er liebte nämlich die Farbe Weiß. Er wohnte hoch oben auf einem Gletscher in einem Palast aus Elfenbein. Als die Mutter dort oben mit ihrem Baby ankam, trat sie durch ein Tor aus Walrosszähnen und sah den Zauberer erst gar nicht. Er hatte sich – obwohl er eigentlich noch ganz jung war – die Haare weiß gefärbt, trug ein langes, weißes Nachthemd und eine weiße Zipfelmütze, und da alle Wände in seinem Palast auch weiß waren, konnte man ihn kaum sehen. ›Lieber Willibald Weißendorn‹, sagte die Mutter, ›schau dir mein süßes Baby an. Es ist erst drei Monate alt und soll schon sterben. Bitte gib mir doch ein bisschen von deinen Milchvorräten, damit es weiterleben kann.‹ Der Zauberer besah sich das Kind ganz genau, und es gefiel ihm, weil es so blass war. Nach einer langen Pause sagte er: ›Hm, und was bekomme ich dafür?‹ ›Ach‹, sagte die Mutter unglücklich, ›ich habe gar nichts, was ich dir geben kann.‹ – ›Doch‹, sagte Willibald, ›die Zähne von deinem Kind und allen deinen Kindern und Kindeskindern. Ich gebe dir so viel Milch, wie du willst, aber wenn dein Kind sieben Jahre alt ist, sollen ihm alle Zähne ausfallen. Davon baue ich mir dann ein neues Badezimmer.‹ Die Mutter wusste nicht, was sie tun sollte, aber da sie ihr Kind auch ohne Zähne lieben würde, willigte sie schließlich ein. Sie kehrte mit einem großen Sack voller

Milchflaschen nach Hause zurück. Ihr Kind wurde wieder kräftig und rosa, aber mit sieben Jahre verlor es erst den rechten Schneidezahn und dann alle anderen Zähne. Seitdem fallen allen Kindern im siebten Lebensjahr die Zähne aus. Sie können sie unterm Kopfkissen verstecken oder sonst wo, irgendwann sind sie weg und der Zauberer hat sie sich geholt. Weil das für einen Sack voll Milch geschah, nennt man die Zähne heute noch Milchzähne.«

»Du, Fanny«, fragt Klee, »wachsen die Zähne wieder nach?« »Ja«, sagt Fanny, »aber dann werden sie groß und gelb, wie die von Papa, und dann will sie der Zauberer nicht mehr. Und jetzt lass mich schlafen.« Mit diesen Worten dreht sich Fanny auf den Bauch und schläft.

Warum werden aus Raupen Schmetterlinge?

Heute war Papa mit Fanny und Klee in einer Schmetter-
lingsausstellung. Klee hat so viele bunte Schmetterlinge
gesehen, er konnte gar nicht sagen, welcher der schönste
war. Papa hat ihm auch einige Raupen gezeigt und behauptet, daraus würden später auch mal Schmetterlinge
werden. »Aus den kleinen Würmern?«, hat Klee gefragt,
aber weil Papa immer und immer wieder beteuert hat,
dass daraus wirklich Schmetterlinge würden, hat Klee es
am Ende geglaubt. Jetzt liegt er in seinem Bett und denkt
darüber nach. Komisch findet er das immer noch, und
deswegen fragt er seine Schwester: »Du, Fanny, wieso
werden aus Raupen Schmetterlinge?« Seine Schwester
stöhnt. Wenn ihr jetzt nichts einfällt, wird Klee keine
Ruhe geben. Das kennt sie schon! Sie dreht sich auf den
Rücken, wickelt eine Haarsträhne um ihren Zeigefinger,
zieht ein bisschen daran und fängt an, zu erzählen:

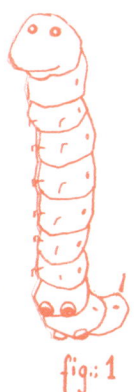

fig.: 1

»Wie Wissenschaftler inzwischen herausgefunden
haben, tratschen Pflanzen genauso wie wir Menschen.
Sie flüstern sich dauernd die neuesten Neuigkeiten zu:

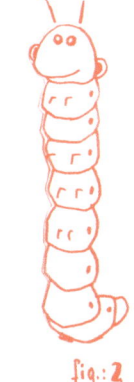

fig.: 2

Wie viele Blätter sie schon haben, dass ein Maulwurf haarscharf an ihren Wurzeln vorbeigekrochen ist oder dass auf die Nachbarblume ein Vogel gemacht hat. Sie kichern viel und schütteln dabei leise ihre Pflanzen-köpfe. Wir Menschen können das alles nicht hören, da unsere Ohren nicht fein genug sind, und außerdem sind sie viel zu weit oben. Wir hören höchstens ein Rauschen, wenn wir uns auf eine Wiese legen. Eine Raupe aber kann nichts besser als zuhören. Ganz unbemerkt kriecht sie auf einem Pflanzenstängel heran und lauscht. Den ganzen Tag lang. Mit ihren besonders feinen Ohren bekommt sie jede Menge Klatsch und Tratsch mit, aber auch Sehnsüchte, Träume und Wünsche. Am häufigsten hört sie die Frage: ›Ach, was unsere Verwandtschaft wohl macht? Ob es ihnen gut geht?‹ Denn jede Pflanze hat eine riesige Verwandtschaft. Oft leben die Verwand-ten nur ein paar Meter entfernt, dort, wo der Wind einst

1. Sender   2. Empfänger

die Pflanzensamen hingetragen hat. Aber da alle Pflanzen angewurzelt sind, können sie sich nicht gegenseitig besuchen. Eine Raupe kann auch keine weiten Strecken zurücklegen. Sie kriecht dafür viel zu langsam. Aber da sie die erste Zeit ihres Lebens fast ausschließlich mit Zuhören verbringt, werden ihre Ohren mit der Zeit immer feiner und größer. Irgendwann sind ihre Ohren dann so groß, dass sie mit ihnen fliegen kann, wenn sie damit schlägt. Das ist dann der Moment, wenn aus einer Raupe ein Schmetterling wird. Schmetterlingsflügel sind nichts anderes als große, zarte Raupenohren. Das sieht man ja schon an der Form der Schmetterlingsflügel. Als Schmetterling kann eine Raupe endlich all das loswerden, was sie zuvor – als ihre Ohren noch kleiner waren – nur gehört hat. Sie fliegt von Pflanze zu Pflanze, erzählt, was sie weiß, überbringt Nachrichten und tauscht Liebesgrüße aus. Die Pflanzen freuen sich immer, wenn ein Schmetterling vorbeikommt, denn jetzt erfahren sie endlich, wie es ihrer entfernten Verwandtschaft geht. So. Jetzt weißt du, warum es sogar sehr wichtig ist, dass aus Raupen Schmetterlinge werden«, sagt Fanny, dreht sich auf den Bauch und schläft grinsend ein.

fig.: 3

fig.: 4

Warum muss man weinen?

Heute ist ein neuer Junge in Klees Kindergarten gekommen. Er hat die ganze Zeit geweint. Dicke Tränen liefen aus seinen Augen, als seine Mama noch da war, und erst recht, nachdem sie weg war. Erst als seine Mama wiedergekommen ist, hat er aufgehört. Das findet Klee etwas komisch. Er dreht sich zu Fanny und fragt: »Du, Fanny, warum muss man eigentlich weinen?« Fanny stöhnt. Immer diese Fragerei! Jetzt heißt es, sich etwas einfallen lassen. Fanny dreht sich auf den Rücken, wickelt langsam eine Haarsträhne um ihren Zeigefinger, zieht ein bisschen daran und fängt an, zu erzählen:

»Vor vielen Tausend Jahren, als es noch keine Menschen gab und die Affen sich noch von Zwiebeln statt Bananen ernährten, lebte im Meer eine Seejungfrau mit dem Namen Irma. Sie war eine Meeresprinzessin und führte das vornehmste Leben. Sie bekam nur die köstlichsten Speisen zu essen, Meeralgenbrot und Korallenknacker zum Beispiel. Den ganzen Tag über durfte sie im Meer umherschwimmen und mit den Fischen spielen. Jeden Abend kam ihr Vater, ein Wassermann natürlich, und las ihr eine Geschichte vor. Er vergaß auch niemals, Irma davor zu warnen, zu lange an Land zu bleiben. ›Wenn dich ein Landbewohner sieht‹, sagte er jedes Mal, ›dann musst du ihn heiraten und das Leben im Meer für immer verlassen.‹ Doch gerade weil ihr Vater das immer und immer wieder sagte, machte es Irma besonders viel Spaß, an Land hinter einem Busch versteckt zu liegen und die seltsamen Erdbewohner zu beobachten: Eidechsen, Nilpferde und Dinosaurier zum Beispiel. Doch eines Tages war sie an Land eingeschlafen, und als sie erwachte, sah sie über sich das Gesicht eines Affen. Mit großen Kulleraugen blickte er sie an. Irma war wie versteinert vor Schreck. Da begann das Meer zu beben, Irmas Vater erschien und machte – schweren Herzens, aber er musste es tun – die beiden zu Mann und Frau. Irmas Fischflosse verwandelte sich in zwei Beine und ihre Schuppenhaut wurde glatt. Das Einzige, was sie behalten durfte, war ein bisschen Meerwasser in ihrem Kopf. Damit war es ihr möglich, weiterhin im Meer zu schwimmen. Von nun an führte sie ein Affenleben. Sie wurde nicht mehr verwöhnt und verhätschelt, sondern musste ihren Affenmann entlausen und für ihn Zwiebeln schälen. Oft war sie darüber so traurig, dass das Meerwasser in ihrem Kopf zu zittern begann, und dann flossen kleine Meerestropfen aus ihren Augen. Sie wurde erst ein bisschen glücklicher, als der Affe und sie Kinder bekamen. Das waren die ersten Menschen und unsere Vorfahren. Von Irma haben wir alle noch ein bisschen Meerwasser in unserem Kopf, und wenn wir sehr traurig sind oder uns vor Lachen schütteln müssen, dann beginnt das Wasser zu zittern und ein paar Tropfen Salzwasser rinnen aus unseren Augen. Deswegen schmecken Tränen ja salzig. Und weil Irma beim Zwiebelschälen immer besonders traurig wurde, müssen auch wir heute noch weinen, wenn wir Zwiebeln schälen. So ist das also.« Sehr zufrieden mit ihrer Geschichte dreht Fanny sich auf den Bauch und schläft kurz darauf leise grunzend ein.

Warum fliegen Schwalben tief, wenn das Wetter schlecht wird?

Heute Nachmittag hat Papa Fanny und Klee eine Schwalbe gezeigt, die ganz tief über dem Boden flog. »Oje«, hat Papa gesagt, »das Wetter wird schlecht. Tief fliegende Schwalben kündigen Regen an.« Tatsächlich regnet es jetzt. Klee liegt in seinem Bett und hört, wie die Tropfen gegen das Fenster schlagen. »Du, Fanny«, fragt er seine Schwester, »wieso fliegen Schwalben tief, wenn das Wetter schlecht wird?« Fanny stöhnt. Immer stellt Klee so verflixte Fragen und gibt keine Ruhe, bis sie eine Antwort gefunden hat. Also dreht sie sich seufzend auf den Rücken, wickelt eine Haarsträhne um den Finger, zieht ein bisschen daran und legt los:

»Vor vielen Jahren lebte hier bei uns ganz in der Nähe ein völlig verwöhnter Prinz. Er war nur ein Dreikäsehoch, nicht viel älter als du. Weil seine Eltern, der König und die Königin, dauernd mit ihren Regierungsgeschäften zu tun hatten und ständig unterwegs waren, um irgendwelche Kriege zu führen oder Frieden zu schließen, ließen sie ihren Sohn tun und lassen, was er wollte. Nun war dieser kleine, verwöhnte Prinz im Grunde ein großer Angsthase. Er liebte es zwar, im könig-

lichen Schlosspark zu spielen, fürchtete sich aber vor den vielen kleinen Tieren, die es dort gab. Wenn er einen Käfer sah, nahm er Reißaus, bei einer Biene begann er laut zu schreien, und wenn er eine Spinne sah, schlotterten seine Knie dermaßen, dass ihn die königlichen Diener ins Schloss zurücktragen mussten, weil er von allein gar nicht mehr hätte laufen können. Der Prinz befahl seinen Dienern natürlich, sämtliches Kleingetier aus dem Schlossgarten zu entfernen, aber die Diener konnten noch so sehr den Boden fegen und die Zweige der Bäume abwischen, irgendwo tauchte immer noch ein kleines Tier auf. Um sich dafür zu rächen, wurde es dem Prinzen zur Lieblings-beschäftigung, Tiere zu quälen. Natürlich nur, wenn er ganz sicher vor ihnen war. Er ließ jede Menge größere Tiere von seinen Dienern fangen und im Schloss-park in goldene Käfige sperren: ein Meerschweinchen, drei Küken, eine

100

10

5

Schildkröte, eine Feldmaus und noch vieles mehr. Dann nahm er kleine spitze Steine und bewarf die armen Tiere damit aus sicherer Entfernung. Oder er pikste sie mit langen, dünnen Zweigen. Eines Tages bekam er als neuen Gefangenen eine Schwalbe. Der arme Vogel hüpfte aufgeregt in seinem Käfig herum und piepste kläglich, als der fiese kleine Prinz ihn mit Steinen bewarf. Zufällig streckte in diesem Augenblick gerade ein Regenwurm seinen Kopf aus der Erde. Er war nach oben gekommen, um zu sehen, ob es nicht bald regnen würde. So lange schon hatte er nicht mehr geduscht! Als er sah, wie der Prinz mit der Schwalbe umging, kroch er vor Empörung ganz aus der Erde. Da entdeckte ihn der Prinz. Er schrie sofort aus Leibeskräften. So etwas Ekliges hatte er noch nie gesehen! Im Schweinsgalopp rannte er davon, der Regenwurm noch ein gutes Stückchen hinter ihm her. Dann

drehte er sich um und öffnete schnell den
Riegel des Vogelkäfigs und ließ die Schwalbe
frei. Seit diesem Tag sind Regenwürmer und
Schwalben die dicksten Freunde. Als Dank für die Rettung
kündigen die Schwalben seitdem den Regenwürmern den
Regen an. Sie fliegen dicht über den Boden und rufen ihren
Freunden zu: ›Achtung! Bald regnet's!‹ Dann kriechen die
Regenwürmer langsam nach oben und freuen sich, dass sie
bald duschen können. Und jetzt gute Nacht«, sagt Fanny,
dreht sich auf den Bauch und schläft zufrieden grunzend ein.

Warum haben wir nur eine Nase?

Als Klee heute schlafen gehen will, liegt Fanny schon im Bett. Nur ihre Nasenspitze schaut noch unter der Bettdecke hervor. »Du, Fanny«, fragt Klee, »warum haben wir eigentlich zwei Beine, zwei Arme, zwei Augen, zwei Ohren, aber nur eine Nase?« – »Hm«, brummt Fanny und denkt nach. Dann dreht sie sich auf den Rücken, wickelt eine Haarsträhne um ihren Zeigefinger, zieht ein bisschen daran und fängt an, zu erzählen:

»Tatsächlich hatten die Menschen früher zwei Nasen. Die sahen genau gleich aus und standen nebeneinander mitten im Gesicht. Jede Nase hatte aber nur ein Nasenloch. Nun gab es damals eine Prinzessin, die sehr sportlich war. Vormittags ritt sie zwei Stunden aus, mittags übte sie Bogenschießen, nachmittags spielte sie Basketball und abends Eishockey. Auf allen Turnieren und Wettbewerben gewann immer die Prinzessin und alle im Land waren sehr stolz auf sie. Eines Tages war wieder einmal ein Wettbewerb. Die Prinzessin trat im Bogenschießen an und schoss – total daneben. So etwas war noch nie passiert. Die Prinzessin kratzte sich verwirrt an ihrer rechten Nase. Sie nahm noch einmal ihren Bogen, kniff die Augen zusammen, schoss und wieder ging der Pfeil völlig daneben. Ihr Vater ließ daraufhin alle Ärzte des Landes holen und die Prinzessin untersuchen. Und tatsächlich, die Ärzte fanden heraus, dass sie kurzsichtig war. Sie brauchte dringend eine Brille. Also ließ ihr Vater einen Optiker rufen und der fertigte Brillengläser für die Prinzessin an. Nur: Das Brillengestell war noch nicht erfunden. Damals steckten die Leute das Brillenglas an einen langen Stiel aus Eisen und hielten sich das Glas mit der Hand vor die Augen. So machte es auch die Prinzessin. Aber damit hatte sie nur noch eine Hand frei. Nur mit einer Hand konnte sie weder gut reiten noch gut Bogenschießen noch Basketball spielen. ›So geht das nicht!‹, sagte sie zornig, ›wie soll ich denn da trainieren?‹ Also ließ der König alle Optiker des Landes rufen, damit sie die Gläser irgendwie am Kopf der Prinzessin befestigten und sie wieder beide Hände frei hatte. Aber da die Prinzessin ja zwei Nasen hatte, war das kaum möglich. Die Optiker überlegten hin und her, aber es fiel ihnen nichts ein. Irgendwann sagte einer: ›Ja, wenn sie nur eine Nase hätte, dann wäre das einfach.‹ Und er zeichnete der Prinzessin ein Brillengestell für eine Nase, also eine Brille, wie wir sie heute kennen. Die Prinzessin sah sich die Zeichnung genau an. Dann zwickte sie sich mit einer großen Wäscheklammer ihre beiden Nasen zusammen, sodass sie aussahen wie eine Nase. ›Genial!‹, rief der Optiker und baute ihr eine Ein-Nasen-Brille. Von da an zwickte die Prinzessin immer ihre beiden Nasen zusammen, und weil sie allen Menschen im Land ein Vorbild war, zwickten sich auch alle anderen Menschen ihre zwei Nasen zusammen. Die Mütter gingen sogar so weit, ihren Babys die zwei Nasen zusammenzuzwicken, und nach und nach wuchsen diese Nasen zu einer zusammen. Die Ärzte unterstützten übrigens diese Mode, denn im Winter macht eine verschnupfte Nase viel weniger Probleme als zwei. Und deswegen haben wir heute alle zwei Arme, zwei Beine, zwei Ohren, aber nur eine Nase.«

»Ach, so ist das«, denkt Klee und befühlt ausführlich seine kleine Nase. Dann sagt er nachdenklich: »Du, Fanny, aber warum haben wir dann eigentlich nur einen Bauchnabel?« Keine Antwort. Fanny hat sich ganz schnell auf den Bauch gedreht und schläft plötzlich tief und fest.

Warum werden wir müde – oder auch nicht?

Klee hatte heute einen langen Kampf mit Papa, denn Klee wollte nicht ins Bett. Er ist einfach überhaupt nicht müde und möchte so gern noch mit seinem neuen Polizeiauto spielen. Papa hat den Kampf aber gewonnen: Klee liegt jetzt in seinem Bett. Er starrt zur Decke, zappelt mit seinen Füßen und ärgert sich. Schließlich fragt er seine Schwester: »Du, Fanny, warum wird man eigentlich müde – oder eben nicht?« Fanny seufzt. Sie weiß genau, Klee wird keine Ruhe geben, bevor sie ihm nicht geantwortet hat. Also dreht sie sich auf den Rücken, wickelt nachdenklich eine Haarsträhne um ihren Zeigefinger, zieht ein bisschen daran und fängt an, zu erzählen:

»Wie eigentlich jeder weiß, sitzt im Kopf jedes Menschen ein Chor, bestehend aus winzig kleinen Männchen, die singen können. Sie singen allerdings so leise, dass wir sie normalerweise nicht hören, nur manchmal vernehmen wir so ein Piepsen im Ohr. Das ist dann der Moment, wenn sie ihr einziges Instrument stimmen: eine Geige. Jeden Abend haben die kleinen singenden Männchen Gesangsprobe. Sie sind nämlich sehr lichtscheu und mögen es, wenn es schön dunkel und ruhig ist. Dann stellen sie sich in drei Reihen auf, singen sich kurz ein und legen los. Da aber – wenn unsere Augen offen sind – immer noch zwei Lichtstrahlen in unseren Kopf dringen, beginnen die kleinen Männchen immer mit einem Schlaflied. Sie singen weiche und zarte Melodien, gucken dabei immer auf unsere Augen und wünschen sich, dass sie sich schließen – was dann auch früher oder später passiert. Weil unsere Augen durch den Gesang zum Schließen gebracht werden, nennt man unsere Augendeckel übrigens auch Augenli(e)der. So geht es uns also jeden Abend. Der Chor in unserem Kopf singt ein Schlaflied, unsere Augen fallen zu und wir schlafen ein.«

»Dann haben sie bei mir ihr Schlaflied heute wohl vergessen«, sagt Klee, der immer noch kein bisschen müde ist. Fanny fährt fort: »Manchmal kommt es aber auch vor, dass eines der Chormitglieder Geburtstag hat. Dann singt der Chor ihm ein Geburtstagsständchen und andere lustige und wilde Lieder zur Feier des Tages. Davon werden unsere Augen natürlich nicht müde, und so kommt es, dass wir an solchen Tagen überhaupt nicht oder erst sehr spät – wenn die Geburtstagsparty zu Ende ist – einschlafen können. So wie du heute.«

Klee denkt kurz über diese Geschichte nach, dann fragt er: »Du, Fanny, so oft wie ich nicht einschlafen mag, da müsste ja fast jeden Tag ein Sänger in meinem Kopf Geburtstag haben.«

Seine Schwester seufzt, dann antwortet sie: »Dann ist es vermutlich so, dass in deinem Kopf auch die Namenstage gefeiert werden, und ab und zu wird natürlich auch mal geheiratet, und dann gibt es natürlich noch die üblichen Feiertage, Weihnachten und Ostern und so, da singen sie auch keine Schlaflieder. Und jetzt gute Nacht – bei mir haben sie nämlich schon längst angefangen mit dem Schlaflied!« Damit dreht Fanny sich auf den Bauch, schließt die Augen und schläft ganz schnell ein. Klee aber bleibt noch lange liegen und versucht ein bisschen was von der Geburtstagsmusik in seinem Kopf zu erhaschen, bis er sich ganz sicher ist, dass die Party vorbei ist und die Männchen in seinem Kopf mit dem Schlaflied begonnen haben.

Warum können die Menschen nicht fliegen?

Heute geht Klee seiner Schwester Fanny ziemlich auf die Nerven. Denn statt im Bett zu liegen, rennt er mit ausgebreiteten Armen durchs Zimmer und spielt Düsenflugzeug. »Du, Fanny«, ruft er ihr zu, »warum können die Menschen eigentlich nicht fliegen?« – Fanny stöhnt. Sie weiß genau, dass sie sich jetzt eine Geschichte einfallen lassen muss. Sonst wird Klee niemals Ruhe geben. Also dreht sie sich auf den Rücken, wickelt eine Haarsträhne um ihren Zeigefinger, zieht ein bisschen daran und fängt an, zu erzählen:

»Es war einmal ein Kaiser, der interessierte sich eigentlich nur für zwei Dinge: Das eine war Essen. Er liebte es, die auserlesensten Gerichte zu verspeisen und am allermeisten liebte er Sahnebonbons. Sein zweites Interesse galt den ›höheren Dingen‹ – wie er es nannte. Er wollte immer etwas Besonderes sein, er wollte immer irgendwie mehr können als die anderen. Eines Tages flog in seinem Schlossgarten ein kleiner, grauer Vogel vor ihm auf und ab. Er flatterte immer zwei Köpfe über dem Kaiser und zwitscherte fröhlich vor sich hin. Das empörte den Kaiser Wie konnte es sein, dass ein kleiner Vogel mehr konnte als er? Sofort rief der Kaiser seine Berater zu sich und befahl ihnen, ihm das Fliegen beizubringen. Die Berater sahen sehr betreten drein und sagten: ›Werter Kaiser, auf der ganzen Welt gibt es nur einen einzigen Menschen, der fliegen kann, das ist die Hexe. Sie fliegt mithilfe eines Besens. Aber den wird sie niemals hergeben.‹ – ›Ha!‹, schrie der König, ›die Hexe muss her. Und zwar an meinem Geburtstag. Denn an meinem Geburtstag muss jeder meiner Untertanen mir einen Wunsch erfüllen.‹ Die Berater wackelten bedenklich mit den Köpfen, aber sie luden die Hexe schließlich zum Geburtstag des Kaisers ein. Der war allerdings erst in siebenunddreißig Tagen. Der Kaiser konnte es kaum erwarten. Vor Aufregung bekam er keinen Bissen mehr herunter. Dann war es endlich so weit. In der linken Hand einen alten, schäbigen Besen, die rechte in die Außentasche eines grünen Strickkleides vergraben, so stand die Hexe im Geburtstagssaal. ›Ich habe heute Geburtstag‹, sagte der Kaiser,

›und deswegen einen Wunsch frei.‹ – ›Das ist richtig‹, sagte
die Hexe, ›aber nur einen. Also?‹ – ›Ich möchte fliegen und
alle meine Nachfahren sollen es auch können!‹ Der Kaiser
freute sich, weil alles so glatt lief. ›Nun gut‹, sagte die Hexe
und legte den Besen auf den Boden. Dann zog sie aus ihrer
rechten Tasche ein kleines, goldenes Ding hervor. Der Kaiser
trat neugierig näher. ›Was ist das?‹, fragte er. ›Ein Bonbon‹,
sagte die Hexe und wickelte das Bonbon seelenruhig aus dem
Goldpapier. Da duftete es im ganzen Saal nach heißer Schoko-
lade. Dem Kaiser, der siebenunddreißig Tage kaum etwas gegessen hatte, lief das Wasser im Mund zusammen. Die Hexe
aber führte das Bonbon langsam an ihren Mund, roch ge-
nüsslich daran, streckte ihre Zunge aus und –
›Halt!‹, schrie der Kaiser, ›gib es mir!‹ ›Ja,
was wünschst du dir denn nun?‹, fragte
die Hexe. ›Das Bonbon!‹, stöhnte der Kaiser,
denn er wollte jetzt nichts auf der Welt lieber.
›Na gut‹, sagte die Hexe, gab ihm das Bonbon,
nahm ihren Besen und flog für immer davon.
Jetzt weißt du, weshalb der Kaiser und alle seine
Nachfahren heute nicht fliegen können, aber dafür
Sahnebonbons lieben.« Mit diesen Worten dreht
Fanny sich auf den Bauch und
schläft grunzend ein.

Warum wachsen die Fingernägel nach?

Heute ist Klee schlecht gelaunt, denn Papa hat ihm gerade die Fingernägel geschnitten, und das mag er überhaupt nicht. Mürrisch sitzt er auf der Bettkante: »Du, Fanny«, fragt er ärgerlich, »warum wachsen die Fingernägel eigentlich immer nach?« Jetzt muss sich Fanny eine gute Geschichte einfallen lassen, sonst gibt Klee keine Ruhe. Also dreht sie sich auf den Rücken, wickelt eine Haarsträhne um den Finger, zieht ein bisschen daran und fängt an, zu erzählen:

»Vor vielen Jahren lebte einmal eine alte Hexe. Sie konnte aber nicht mehr richtig hexen, weil sie die Zaubersprüche ständig vergaß. Einmal zum Beispiel wollte sie sich nur ein Glas Wasser herbeizaubern. Stattdessen platzten alle Wasserrohre in der Stadt und es kam zu einer riesigen Überschwemmung. Seitdem hatte man der Hexe verboten, zu hexen. Also machte sie ein Nagelstudio auf. Mit Nägeln kannte sie sich aus. Sie selbst hatte knallrote lange, krumme Fingernägel. Sie lackierte also den Menschen die Nägel in Rot, Blau, Grün oder ganz glitzrig. Nägel schneiden musste sie nie, denn damals wuchsen die Nägel nicht nach. Jeder Mensch hatte einen

einzigen Nagel pro Finger – für immer. Eines Tages aber kam
eine extrem schwierige Kundin zur Hexe. Sie hieß Melissa
Rautenquark und liebte ihre Fingernägel, denn sie waren
noch länger als die der Hexe. Die Hexe gab sich die größte
Mühe, die Nägel besonders schön zu lackieren, aber vielleicht
gerade deswegen brach sie einen von Frau Rautenquarks
langen Nägeln ab. Diese fing sofort an zu toben und zu
kreischen: ›Mein allerschönster Fingernagel! Abgebrochen!
Ein Skandal!‹ Die alte Hexe versuchte daraufhin, die Rautenquark mit allen Mitteln zu beruhigen, aber umsonst. Schließlich fiel ihr nichts anderes ein, als zu sagen: ›Ich hexe den
Nagel wieder dran! Er soll nachwachsen – wie Haare!‹ Und
schon murmelte sie einen Hexenspruch. Tatsächlich fingen
Melissa Rautenquarks Nägel plötzlich an, zu wachsen, nur:
Erstens wuchsen alle Nägel, nicht nur der abgebrochene,
und zweitens: Die Nägel wuchsen blitzschnell. Man konnte
zusehen! Nach ein paar Minuten waren die Nägel schon
doppelt so lang. Erst war die Rautenquark sehr erfreut, aber
als die Nägel gar nicht mehr aufhörten, zu wachsen, fing sie
wieder an, zu schreien. Dummerweise hatte sich der Zauberspruch der alten Hexe wieder mal auf alle Stadtbewohner
ausgewirkt. Mit meterlangen Fingernägeln kamen sie in das
Nagelstudio der alten Hexe gerannt, denn sie waren sich
sicher: Nur sie konnte schuld daran sein! Zur Strafe musste
sie allen die Nägel schneiden, umsonst und ohne Pause. Das

war eine schreckliche Arbeit, denn die Nägel hörten nicht mehr auf, länger zu werden. Erst nach zehn Jahren wuchsen sie ein bisschen langsamer, weil der Zauberspruch etwas von seiner Kraft verloren hatte. Da war die alte Hexe aber schon längst nach Amerika geflohen, wo sie tatsächlich nie wieder hexte. Noch heute aber wirkt ihr Zauberspruch, wenn auch nur noch ganz schwach. Erst in hundert Jahren wird er ganz erloschen sein und erst dann muss sich kein Mensch mehr die Fingernägel schneiden.«

Klee betrachtet seine frisch geschnittenen Nägel. »Die arme alte Hexe!«, denkt er, aber dann fragt er: »Du, Fanny? Stimmt die Geschichte auch wirklich?« – Doch da hat sich Fanny schon längst auf den Bauch gelegt und ist eingeschlafen.

Warum muss es regnen?

Heute hat es den ganzen Tag geregnet. Der Himmel war grau und Klee konnte nicht draußen Fußball spielen. »Du, Fanny«, fragt er abends von seinem Bett aus, »warum muss es überhaupt regnen?« Fanny seufzt. Jetzt muss sie sich eine gute Geschichte einfallen lassen, sonst wird Klee keine Ruhe geben. Also dreht sie sich auf den Rücken, wickelt nachdenklich eine Haarsträhne um den Finger, zieht ein bisschen daran und fängt an, zu erzählen:

»Ganz früher war der Himmel immer blau und es regnete nie. Oben am Himmel flatterten die Engel und sahen mit langen Fernrohren auf die Erde hinunter. Ein Engel – er hieß Willibald und hatte lange Locken – interessierte sich besonders für die Weltmeere. Er konnte stundenlang durch sein Fernrohr die Wellen beobachten und den Fischen zusehen. Er fand sogar das Meeresblau schöner als das Himmelsblau. Eines Tages entdeckte er durch sein Fernrohr einen großen, dicken Fisch. Es war ein Wal. Noch nie hatte er ein so herrschaftliches Tier gesehen. Der Wal glitt elegant durch das Wasser und nickte allen anderen Fischen wohlwollend zu.

Doch was war das? Ein kleines Boot näherte sich dem Wal. Die Menschen darauf hatten dicke Speere in der Hand Sie zogen ein Netz durchs Wasser, und Willibald sah, wie der stolze Wal geradewegs hineinschwamm. ›Nicht dahin!‹, schrie Willibald, aber der Wal konnte ihn nicht hören. Kaum war er im Netz gefangen, versuchten die Männer auf dem Boot, den Wal mit ihren Speeren zu treffen. Das konnte Willibald nicht länger mit ansehen. Wie ein Blitz flog er auf die Erde. Der Wal hatte die Gefahr inzwischen bemerkt und schwamm so wild hin und her, dass sich das Meer aufbäumte. Aber er konnte den Männern nicht entkommen. Gerade holte einer mit seinem Speer weit aus, und er hätte den Wal mitten ins Herz getroffen, wenn nicht plötzlich Willibald erschienen wäre. Der Mann mit dem Speer hatte noch nie einen Engel gesehen. Erschrocken ließ er den Speer fallen und fing an, zu schreien. Jetzt sahen auch die anderen Männer Willibald. Sie wurden kreideweiß, ließen von dem Wal ab und suchten das Weite. Willibald half dem Wal aus dem Netz. Da sah er, dass er nicht irgendeinem Wal

geholfen hatte, sondern dem König der Meere. Auf der Schwanzflosse des Wals steckte eine Krone. ›Dafür werde ich dir ewig dankbar sein‹, sagte der Wal, ›du hast bei mir einen Wunsch frei, egal, was es ist.‹ – ›Ach‹, sagte Willibald, ›wenn ich nur schwimmen könnte – so wie du! Wir Engel können zwar fliegen, aber nicht schwimmen. Und im Himmel gibt es auch gar kein Wasser.‹ Seit diesem Tag verschwindet jede Stunde aus jedem See, Meer und Fluss der Welt ein Wassertropfen in den Himmel und sammelt sich dort in einem großen Becken. Wenn genügend Wasser darin ist, springt Willibald hinein und schwimmt glücklich wie ein Fisch. Die anderen Engel aber hüpfen auch ins Wasser. Weil sie aber nicht schwimmen können, planschen sie nur herum, und dabei spritzt so viel Wasser nach unten, dass das himmlische Becken bald wieder leer ist. Bei uns auf der Erde aber regnet es dann. Da die Engel alle nackt baden und nicht gesehen werden wollen, ist der Himmel bei Regen mit dunklen Wolken zugedeckt. So. Jetzt weißt du, was los ist, wenn es bei uns regnet«, sagt Fanny, dreht sich zufrieden auf den auch und schläft ein.

Warum bekommt man Schnupfen?

Fanny und Klee schlafen in einem Zimmer, aber jeder hat natürlich sein eigenes Bett. Heute kann Fanny Klee in seinem Bett kaum sehen, denn neben seinem Kopf türmt sich auf dem Nachttisch ein kleiner Berg weißer, zerknüllter Papiertaschentücher. Klee muss sich andauernd schnäuzen. Die Ränder seiner Nase sind schon ganz rot und die letzte Nacht hat er geschnarcht! »Komm mir bloß nicht zu nahe!«, sagt Fanny, denn Papa hat gesagt, dass sich Schnupfen von einem Menschen auf einen anderen übertragen kann. Klee muss niesen, dann schnäuzen, und dann fragt er Fanny mit kläglicher Stimme: »Warum bekommt man eigentlich Schnupfen?« Seine Schwester verdreht die Augen zur Decke. Sie weiß genau, ihr verschnupfter Bruder wird keine Ruhe geben, bevor sie ihm nicht geantwortet hat. Also dreht sie sich auf den Rücken, wickelt nachdenklich eine Haarsträhne um ihren Zeigefinger, zieht ein bisschen daran und fängt an, zu erzählen:

»Wie jeder weiß, lebt in jeder Nase ein winzig kleiner Waschbär. Und wie auch jeder weiß, macht ein Waschbär nichts lieber, als sich zu waschen. Deswegen ist unsere Nase innen auch immer etwas feucht, denn die Badezimmerwände des Waschbären sind ja die Innenwände unserer Nase. Im rechten Nasenloch hat der Waschbär meistens eine Dusche aufgestellt und im linken eine Badewanne. Bei manchen Menschen ist es auch umgekehrt. Im Sommer, wenn es warm ist, wäscht sich der Waschbär meistens nur unter der Dusche. Er lässt das Wasser auf sich herabprasseln, seift sich ein und singt dazu. Aber das können wir nicht hören. Im Winter liebt er es, ein Vollbad zu nehmen, um sich so richtig schön aufzuwärmen. Und sehr oft liest er dabei einen Kriminalroman. Denn Waschbären lieben Kriminalromane. Jetzt kann es aber passieren, dass ein Krimi so spannend ist, dass der Waschbär gar nicht mehr aufhören kann, zu lesen, und tagelang in seiner Badewanne liegen bleibt. Wenn das Wasser kalt wird, dreht er einfach den Hahn auf und lässt warmes nachlaufen. Manchmal aber ist ein Kriminalroman so spannend, dass der Waschbär vergisst, den Hahn wieder zuzudrehen. Dann steigt das Wasser langsam immer weiter, schwappt schließlich über den Badewannenrand, läuft auf den Badezimmerboden und steigt und steigt, bis das Wasser schließlich aus dem Badezimmer – also aus unserem Nasenloch – heraustropft. Dann haben wir Schnupfen. Meistens läuft das Wasser ja erst nur aus einem Nasenloch heraus, das ist das Zimmer, in dem die Badewanne steht. Wenn der Waschbär jetzt aber immer noch weiterliest, dann läuft das Wasser auch in die zweite Badekammer, also ins zweite Nasenloch, und dann wird der Schnupfen erst richtig schlimm. Jetzt kann man eigentlich nur noch hoffen, dass der Waschbär den Kriminalroman bald ausgelesen hat, denn erst dann dreht er den Wasserhahn ab.« »Oje«, sagt Klee und denkt an den Waschbären in seiner Nase. Auf welcher Buchseite der wohl gerade ist? Und dann fällt ihm noch was ein: »Und warum ist Schnupfen ansteckend?« Fanny überlegt kurz. »Weil ein Waschbär den Kriminalroman manchmal, wenn er ihn ausgelesen hat, einem anderen Waschbären ausleiht. Und dann geht in einer anderen Nase mit einem anderen Waschbären genau das gleiche Theater los. Und deswegen«, sagt Fanny abschließend, »komm mir bloß nicht zu nahe!« Sie dreht sich auf den Bauch, schließt die Augen und schläft ganz schnell ein.

Warum haben wir Bären als Kuscheltiere?

Heute sollten alle Kinder im Kindergarten ihr Kuscheltier mitbringen. Klee hat seine Schlafkatze mitgebracht. Niemand außer ihm hatte so ein Kuscheltier. Die meisten hatten Teddybären. Das findet Klee komisch, denn im Fernsehen hat er gesehen, dass Bären sehr gefährlich sein können. Sein Papa hat ihm auch erzählt, dass vor Kurzem ein Bär aus den Bergen verjagt wurde, weil er Schafe gefressen hat. Deshalb fragt Klee seine Schwester: »Du, Fanny, warum gibt es eigentlich Bären als Kuscheltiere?« Seine Schwester stöhnt. Sie weiß genau, ihr Bruder wird jetzt keine Ruhe geben, bevor sie ihm nicht geantwortet hat. Sie dreht sich auf den Rücken, wickelt eine Haarsträhne um ihren Zeigefinger, zieht ein bisschen daran und fängt an, zu erzählen:

»Es war einmal ein Königspaar, das sich nichts mehr wünschte als ein Kind. Sie mussten aber sieben Jahre warten, bis sie endlich eines bekamen. Es war ein Junge und sie nannten ihn Robertus. Das Königspaar war so glücklich über diesen Sohn, dass es fast die ganze Zeit mit ihm verbrachte. Das nutzten ihre schlechten und machtgierigen Berater aus.

93

Sie verbreiteten das Gerücht, der König würde sich, seit sein Sohn auf der Welt war, nicht mehr um die Staatsgeschäfte kümmern. So kam es, dass immer mehr Menschen das Königspaar stürzen wollten. Eines Tages platzte eine Horde Männer in das königliche Spielzimmer. Sie drohten mit Pistolen und Gewehren und riefen, sie würden Robertus erschießen, wenn die königliche Familie nicht freiwillig das Land verlasse. Zu Tode erschrocken flüchtete sich die königliche Familie in den Wald. Nur ein paar getreue Bedienstete begleiteten sie. Zu allem Unglück fing es nun auch noch an, zu schneien. Robertus fror schrecklich und hörte nicht auf, zu wimmern. Schließlich fanden sie eine Höhle als Unterschlupf. Sie gingen vorsichtig hinein und hörten – je tiefer sie kamen – ein tiefes, schweres Atmen. ›Vorsicht!‹, flüsterte ein Bediensteter, ›das könnte ein Bär im Winterschlaf sein. Wenn er aufwacht, sind wir verloren.‹ In dem Moment löste sich Robertus aus den Armen seiner Mutter und rannte geradewegs in die Richtung des Bären. Entsetzt folgten ihm alle und fanden ihn an das warme Fell eines schlafenden Bären gekuschelt. Sie wollten ihn dort wegziehen, doch jedes Mal, wenn sie es versuchten, fing Robertus an, zu schreien. Also blieben sie in der Bärenhöhle. Robertus kuschelte sich jeden Abend an das Fell des Bären und schlief so ein. Nach sieben Wochen hörte der König, dass das Volk seine neuen Herrscher gestürzt habe und auf die Rückkehr des Königspaares hoffe. Überglücklich kehrten sie zurück. Alles schien wieder in Ordnung zu sein, nur Robertus war untröstlich. Jeden Abend fing er an, fürchterlich zu schreien und zu weinen. Er konnte und konnte nicht einschlafen. Seine Eltern wussten natürlich, was ihm fehlte: das warme Bärenfell. Aber sie konnten doch nicht in die Höhle zurückkehren, nur damit Robertus aufhörte, zu schreien! Da nähte ihm seine Mutter einen kleinen Stoffbären und endlich erschien wieder ein Lächeln auf Robertus' Gesicht. Und da das Volk oft die Gewohnheiten seiner Herrscher nachahmt, wurde es bald zur Mode, Kindern Stoffbären mit ins Bett zu geben.« Mit diesen Worten dreht Fanny sich zufrieden auf den Bauch, schließt die Augen und schläft ganz schnell ein.

Warum müssen wir schlafen?

Heute ist Klee überhaupt nicht müde und er hat gar keine Lust, einzuschlafen. »Jetzt sei endlich still«, sagt Fanny, »und hör auf, auf dem Bett herumzuhüpfen. Ich will schlafen!« Klee setzt sich auf ihre Bettkante und fragt: »Du, Fanny, warum müssen wir überhaupt schlafen?« Jetzt muss sich Fanny eine gute Geschichte einfallen lassen, sonst wird Klee keine Ruhe geben. Also dreht sie sich auf den Rücken und denkt nach. Dann wickelt sie sich eine Haarsträhne um den Zeigefinger, zieht ein bisschen daran und fängt an, zu erzählen:

»Früher, als der Schlaf noch nicht erfunden war, hatten die Menschen sehr viel Zeit. Es schien ununterbrochen die Sonne. Die Kinder konnten so lange spielen, wie sie wollten, nie kamen ihre Eltern und sagten: ›Ab ins Bett mit euch.‹ Denn Betten gab es überhaupt keine. Weil die Menschen so viel Zeit hatten, doppelt so viel wie wir heute, machten sie auch alles ganz langsam. Ein Frühstück dauerte zwischen vier und fünf Stunden. Manche brauchten allein eine ganze Stunde, nur um ihr Marmeladenbrot zu schmieren. Natürlich sprachen und gingen die Leute

damals auch viel langsamer. Sie hatten ja so viel Zeit! Nun
gab es damals aber einen König, der sehr geldgierig war.
Er dachte sich: ›Wenn meine Untertanen doppelt so schnell
arbeiten würden, dann würden sie doppelt so viele Dinge
herstellen und ich würde doppelt so viel Geld bekommen.‹
Denn alle seine Untertanen mussten die Hälfte ihres Ver-
dienstes dem König geben. Am nächsten Morgen befahl der
König all seinen Untertanen, doppelt so schnell zu arbeiten.
Die Untertanen mussten gehorchen. Der Schmied hämmerte
schneller, der Bäcker buk doppelt so viele Brötchen und die
Mühlräder der Mühle klapperten doppelt so schnell. Die
Menschen aber erschöpfte die schnelle Arbeit
und genau in der Mitte des Tages wurden sie
zum ersten Mal in ihrem Leben müde. Am
liebsten hätten sie sich einfach auf den Boden gelegt und gar nichts mehr getan. Aber
der König ließ sie nicht ausruhen. Es
musste weitergearbeitet werden, und
zwar schnell. Davon wurden die
Menschen krank, mürrisch und unglücklich.
Nun hatte der König aber eine Tochter. Sie
hieß Mona und war nicht sehr hübsch.
Denn sie war immer ganz blass,
hatte tief liegende Augen und
einen kreisrunden Kopf.

Aber sie hatte ein gutes Herz. Die Untertanen taten ihr leid. Sie konnte jedoch ihren Vater bitten, wie sie wollte, er ließ sie weiterschuften. Da wurde Mona so traurig, dass sie anfing, zu weinen, und gar nicht mehr aufhören konnte. Ihre Tränen aber stiegen in den Himmel und wurden dort zu dicken, schwarzen Wolken, so dick, dass sie die Sonne plötzlich völlig zudeckten. Das geschah genau zur Hälfte des Tages. Da war es zum ersten Mal Nacht geworden. Die Menschen konnten nicht mehr weiterarbeiten, weil sie nichts mehr sahen. Also legten sie sich auf den Boden und schliefen zum ersten Mal in ihrem Leben ein. Seitdem wird es immer zur Hälfte des Tages Nacht und alle Menschen dürfen sich ausruhen. Nur einmal im Monat ist die Nacht etwas heller, und dann erscheint eine kreisrunde, blasse Scheibe am Himmel, die die Menschen Mond nennen. Denn wenn man genau hinsieht, erkennt man im Mond die blassen Gesichtszüge von Mona.« Klee ist inzwischen auch müde geworden. Aber bevor er die Augen schließt, fragt er seine Schwester: »Du, Fanny, ist die Geschichte auch wirklich wahr?« Aber da dreht sich Fanny auf den Bauch und schläft grunzend ein.

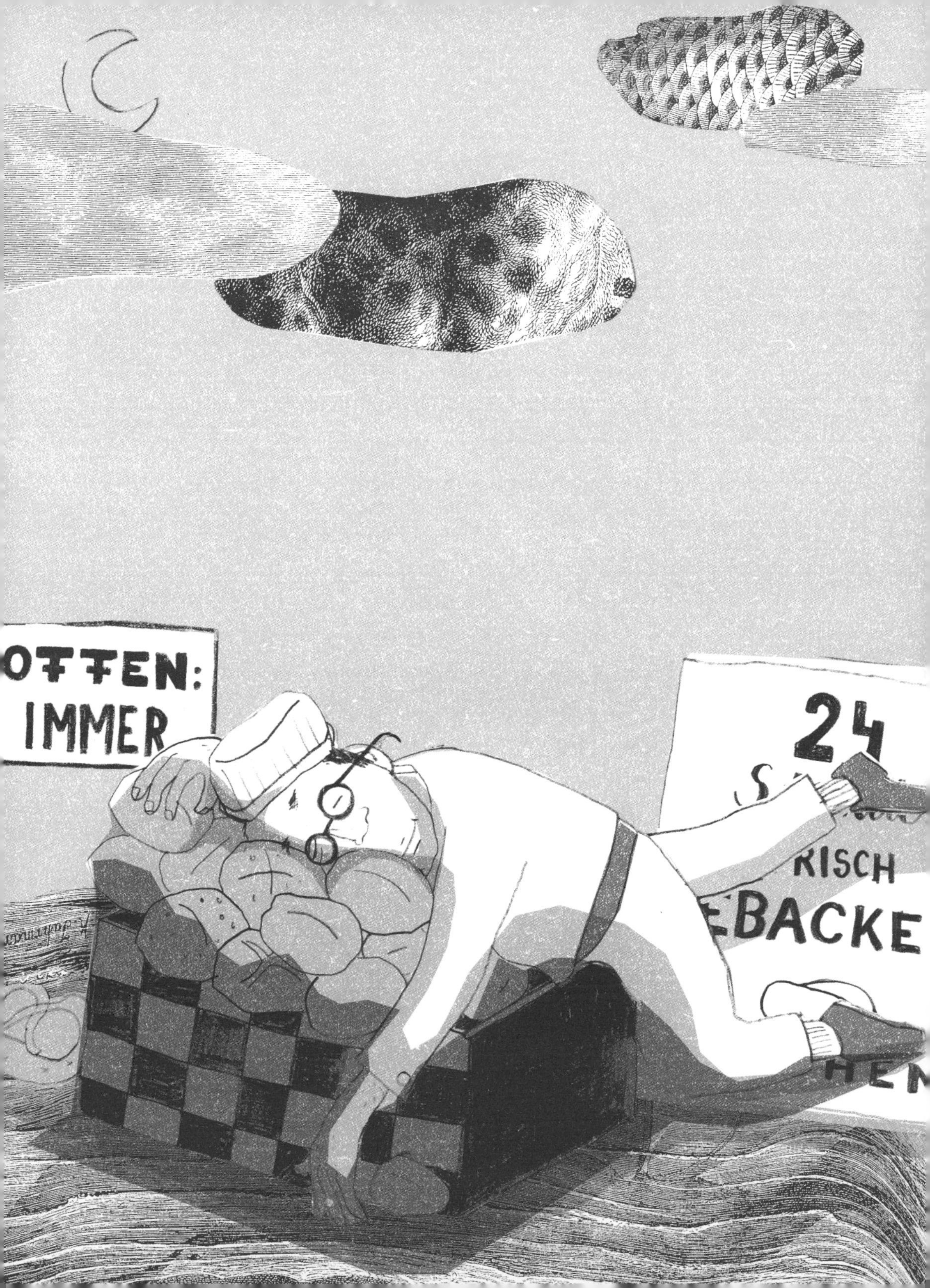
OFFEN:
IMMER
24
RISCH
EBACKE
HEN

Warum bekommen wir eine Gänsehaut?

»Fanny?«, fragt Klee, »darf ich ein bisschen zu dir ins Bett? Ich hab Gänsehaut!« – »Na schön«, brummt Fanny und Klee klettert zu ihr hinüber. Bei Fanny ist es schön warm. »Du-hu«, sagt er nachdenklich, »warum bekommt man eigentlich eine Gänsehaut?« Fanny seufzt. Jetzt muss sie sich etwas einfallen lassen, sonst wird Klee keine Ruhe geben. Sie dreht sich auf den Rücken, wickelt eine Haarsträhne um den Finger, zieht ein bisschen daran und fängt an, zu erzählen:

»Vor langer Zeit lebte auf dem Land eine böse Bäuerin, die immer unzufrieden war. Darüber, dass sie nur zehn Schweine hatte und der Nachbar zwanzig, oder darüber, dass sie nur braune Kühe hatte und keine gescheckten, oder darüber, dass ihr Mann eine Glatze hatte. Meistens aber ärgerte sie sich über die Magd Franziska. Denn diese war nicht nur schöner als sie, sie war vor allem viel netter. Die Bäuerin versuchte, Franziska das Leben so schwer wie nur möglich zu machen. So durfte Franziska nicht in der warmen Stube schlafen, sondern musste nachts im kalten und stinkenden Stall ihr Bett aufschlagen. ›Die dumme Gans passt besser zu den Schweinen und Kühen als zu uns‹, sagte die Bäuerin und alle anderen Knechte und Mägde lachten. Im Winter sollte Franziska vor dem Haus Schnee schippen. Im Frühling und Sommer musste sie die Wäsche im eiskalten Bach waschen. Ihre Hände wurden ganz klamm und rot davon. Wenn sie aber sagte: ›Ach Bäuerin, gebt mir doch ein paar Handschuhe‹, dann lachte die nur und sagte: ›Du bist nur eine dumme Gans, die nicht arbeiten will!‹ Franziska war deshalb ständig erkältet. Immer hatte sie eine rote Nase und das freute die Bäuerin. Eines Tages aber kam ein Prinz auf den Hof. Er hatte sich bei der Jagd verirrt und bat um ein Glas Wasser. Die Bäuerin war fürchterlich aufgeregt, putzte sich heraus und versuchte, dem Prinzen schöne Augen zu machen. Sie fand ihn natürlich viel schöner als ihren glatzköpfigen Mann und voller Bewunderung betrachtete sie seine goldbestickte Jägertracht. Franziska befahl sie: ›Geh in den Stall und lass dich hier bloß nicht blicken!‹ Der Prinz hatte Franziska aber schon gesehen und fragte: ›Wer ist dieses hübsche Mädchen?‹ – ›Nur eine dumme Gans mit einer roten Nase!‹, zischte die Bäuerin. Der Prinz wollte nun aber unbedingt mit Franziska sprechen, er setzte sich neben sie auf die Bank vor dem Haus und die beiden unterhielten sich sehr lange. Die Bäuerin kochte vor Wut, und als der Prinz wieder weg war, machte sie Franziska das Leben zur Hölle. Die Magd musste jetzt noch mehr arbeiten als früher, barfuß und nur mit einem dünnen Tuch bekleidet.

Ganz blau gefroren war sie, als der Prinz sie kurze Zeit später noch einmal besuchte. Jetzt wurde er schrecklich wütend, und er rief: ›Franziska, komm mit mir auf mein Schloss! Die Bäuerin aber sollst du bestrafen. Sag, was mit ihr passieren soll, und dein Wunsch wird erfüllt werden.‹ Franziska hätte jetzt sagen können: ›Töte sie!‹ oder: ›Sperr sie ein!‹, aber sie sagte nur: ›Immer, wenn sie oder ihre Kinder frieren, sollen sie eine Haut bekommen wie eine nackte Gans. Das soll sie für immer an mich erinnern!‹ Seitdem bekommen wir Menschen eine Gänsehaut, wenn uns kalt ist.« So endet Fannys Geschichte. Klee denkt ein bisschen nach, dann sagt er: »Einen Vorteil hat die Gänsehaut aber schon. Da kann ich zu dir ins Bett schlüpfen und du musst mich wärmen!«

Warum sind die Sterne so weit oben?

Heute schaut Klee verträumt aus dem Fenster. Die Nacht ist klar und es blinken viele Sterne am Himmel. »Du, Fanny«, fragt er, »warum sind die Sterne eigentlich so weit oben?« Fanny denkt nach. Wenn ihr Bruder so eine Frage stellt, dann muss sie sich etwas einfallen lassen, sonst gibt er keine Ruhe. Sie dreht sich auf den Rücken, wickelt eine Haarsträhne um den Finger und fängt schließlich an, zu erzählen:

   »Es war einmal eine Prinzessin, sie hieß Waseline und sollte verheiratet werden. Ihr Vater, der König, lud alle unverheirateten Männer zu sich ins Schloss. Sie sollten sagen, was sie ihm für seine Tochter geben wollten. Denn der König dachte immer nur an Geld. Zuerst kam ein reicher Kaufmann. Er breitete vor dem König und seiner Tochter Teppiche, Stoffballen, Schmuck und Geschirr aus. ›Das alles‹, sagte er, ›will ich dir schenken, wenn du mir deine Tochter gibst.‹ ›Nicht schlecht‹, dachte der König, ›aber mal sehen, wer noch so kommt.‹ Als Zweiter kam ein dicker Bankdirektor. Er öffnete vor dem König und seiner Tochter einen Koffer randvoll mit Geld und Sparbüchern. ›Das sieht noch besser aus‹, dachte der König, ›wenn kein andrer kommt, soll er meine Tochter heiraten.‹ Es trat aber noch ein Dritter vor den König. Er trug nicht so edle Kleider wie die beiden anderen, aber er hatte goldene Locken und lächelte Waseline an. ›Ich bin nur ein Poet‹, sagte er, ›aber mit jedem Gedicht, das ich für Waseline schreibe, wird ein Goldstück am Himmel stehen.‹ Bei dem Wort ›Gold‹ leuchteten die

Augen des Königs. ›Na dann‹, sagte er schnell, ›schreib sofort ein Gedicht.‹ ›Wartet, bis es Abend ist‹, sagte der Poet, ›dann werdet ihr sehen, dass ich die Wahrheit sage.‹ Als es dunkel wurde, kam der Poet wieder. Er hatte eine goldene Feder bei sich, tauchte sie in ein Tintenfass und kritzelte etwas auf ein Blatt Papier. Dann las er mit sanfter Stimme sein Gedicht:

> *Schöne Waseline,*
> *ach wärest du doch mein,*
> *nachts säßen wir beisammen*
> *bei Gold und Mondenschein.*

Und tatsächlich, am Himmel blinkte plötzlich ein Goldstück. ›Sagenhaft!‹, schrie der König, und dann fing er heimlich an zu rechnen: ›Der Poet ist höchstens 18 Jahre alt, sagen wir, er wird 70 und schreibt jeden Tag ein Gedicht,dann habe ich in 52 Jahren 18 980 Goldstücke. Und wer weiß, vielleicht schreibt er ja jeden Tag zwei Gedichte.

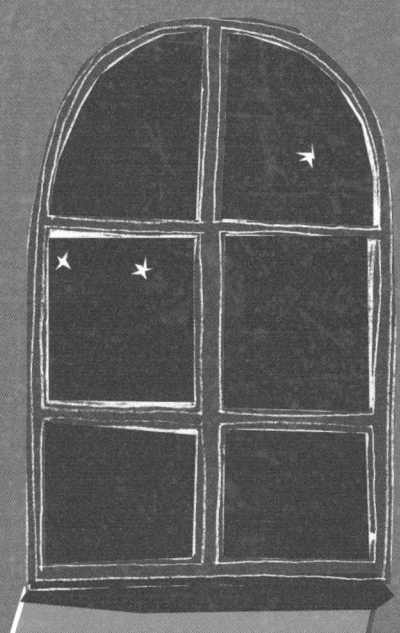

Aber wie bekommen wir jetzt das
Goldstück runter auf die Erde?‹ –
›Deine Tochter braucht nur mit den
Fingern zu schnippen und schon
wird es herunterfallen‹, sagte der
Poet. Da sagte endlich auch einmal
Waseline etwas. Sie blickte den
goldlockigen Poeten an – er war
als Einziger freundlich zu ihr gewesen – und sagte: ›Das Goldstück
soll so lange am Himmel bleiben,
wie wir uns lieb haben.‹ Und bis
heute erscheint jede Nacht ein
neues Goldstück am Himmel und
fällt nicht herunter. Denn jeden Tag
schreibt der Poet ein neues Gedicht für
Waseline, und jeden Tag rauft sich der
geldgierige König die Haare, weil sich
die beiden immer noch mögen. Jetzt
weißt du, warum die Sterne so weit oben
stehen«, sagt Fanny, »das sind Waselines
Goldstücke. Und jetzt lass mich schlafen.«
Fanny dreht sich auf den Bauch, schließt die
Augen und fängt an, zu träumen.

Warum müssen wir gähnen?

Klee hat heute den ganzen Tag Fußball gespielt und ist ziemlich müde. Er gähnt laut. Fast hätte er vergessen, Fanny eine Gute-Nacht-Frage zu stellen. Aber dann sagt er: »Du, Fanny, warum muss man eigentlich gähnen?« Fanny seufzt. Na schön, erzählt sie ihrem Bruder eben wieder einmal eine Geschichte. Sie dreht sich auf den Rücken, wickelt eine Haarsträhne um den Finger, zieht ein bisschen daran und fängt an, zu erzählen:

»Vor vielen Jahren lebten in einem fernen Land ein König und eine Königin. Sie hatten einen Sohn, Detlev. Detlev war schön und stark, aber er hatte einen großen Fehler: Er nuschelte fürchterlich. Wann immer er sprach – was übrigens selten vorkam –, öffnete er seinen Mund nur einen winzigen Spalt, und dann hörte man so etwas wie ›Mrpfrrss‹ oder ›Hmltrmssst‹. Diese Angewohnheit versetzte seine Eltern in große Sorge, denn wie sollte ihr Sohn später einmal Befehle geben oder gar Reden vor dem Volk halten? Aus diesem Grund ließen sie überall im Land bekannt geben, dass die Frau, der es gelinge, aus Detlev einen lauten und gut verständlichen Ton herauszubringen, ihn heiraten und Königin werden dürfe. Als Erstes versuchte eine bildende Künstlerin ihr Glück. In einer Kutsche brachte sie Berge von wunderschönen Bildern und allerliebsten Statuen mit. Sie dachte nämlich, dass Detlev bei dem Anblick so schöner Kunstwerke ein bewunderndes ›Ah!‹ oder ›Oh!‹ ausstoßen würde. Doch als Detlev die reizenden Bilder und Skulpturen sah, zog er nur die Luft durch die Nase und sagte dann: ›Mrpftztztz.‹ Enttäuscht und beleidigt zog die Künstlerin von dannen. Einige Tage später kam eine Sängerin ins Schloss. Sie war sich sicher, dass die Liebe zur Musik Detlevs Mund öffnen würde. Erhobenen Hauptes stellte sie sich vor ihn und sang laut und deutlich: ›La la la laaaa!‹ Dann forderte sie Detlev zum Mitsingen auf. Aber Detlev summte nur: ›Hm hm hm hmmm!‹ Dann sagte er gar nichts mehr. Wieder einige Tage später kam eine Dichterin. In einem Rucksack trug sie alle ihre Gedichte und Geschichten mit. Kaum angekommen, setzte sie sich hin und las Detlev vor. Sie hatte eine schreck- lich eintönige Stimme und ihre Geschichten waren sehr lang- weilig. Doch immer wenn Detlev drohte einzunicken, stupste sie ihn mit einem langen Lineal an. Sie erzählte und erzählte. Zwischendrin las sie ein paar todlangweilige und völlig un- verständliche Gedichte. Schließlich hielt Detlev es nicht mehr aus, sein ganzer schwerer Kopf war voller dicker, schwüler Luft, die hinauswollte, und eh er sich versah, riss er den

Mund weit auf und gähnte ein lautes ›Uaaaaaah!‹. Da klappte die Dichterin ihr Buch zu und lächelte. So wurden die beiden Mann und Frau. Viel mehr als ›Uaaaah!‹ sagte Detlev seitdem allerdings auch nicht, aber das war nicht so schlimm, denn von nun an hielt seine Frau die Reden vorm Volk. Diese waren jedoch genauso langweilig wie ihre Geschichten, sodass alle Zuhörer immer wieder gähnen mussten. Und da Gähnen bekanntlich ansteckend ist, verbreitete sich die Gähnerei im ganzen Land und schließlich auf der ganzen Welt. Sogar wir müssen heute noch manchmal gähnen«, sagt Fanny und stößt selbst ein lautes »Uaaaah!« aus. Aber das hört Klee nicht mehr, denn er ist schon längst eingeschlafen.

Warum sind im Käse Löcher?

Fanny und Klee schlafen in einem Zimmer, aber jeder hat natürlich sein eigenes Bett. Weil Klee heute ein bisschen krank ist, darf er im Bett essen. Auf dem Nachttisch steht ein halbes Käsebrot. Klee schaut es sich genau an, dann sagt er: »Du, Fanny, warum sind eigentlich Löcher im Käse?« Seine Schwester seufzt. Jetzt muss sie sich eine Geschichte ausdenken, sonst wird Klee keine Ruhe geben. Also dreht sie sich auf den Rücken, wickelt nachdenklich eine Haarsträhne um ihren Zeigefinger, zieht ein bisschen daran und fängt an, zu erzählen:

»Vor vielen Jahren gab es einen König, der hatte einen Diener, der nicht nur sehr gefräßig, sondern auch ein großer Lügner war. Andauernd schwindelte er den König an. Der wusste wohl, dass sein Diener nicht immer die Wahrheit sagte, aber er konnte es ihm niemals beweisen. Eines Tages verlangte der König nach einem deftigen Abendessen. Er freute sich schon auf einen fetten Braten. Sein Diener aber behauptete, dass kein Stück Fleisch mehr in der Speisekammer sei. Der Metzger habe wohl vergessen, zu liefern. Er könne ihm nur ein

Wurst- und ein Käsebrot
bringen. In Wirklichkeit hatte der
Diener den Braten aber heimlich ganz
alleine aufgegessen. Der König war sehr enttäuscht,
aber weil er nicht wusste, ob der Metzger einen Braten
geliefert hatte oder nicht, gab er sich mit den Broten
zufrieden. Sie schmeckten gar nicht mal so schlecht.
Am nächsten Tag verlangte er sogar nach der
gleichen Brotzeit. Diesmal kam der
Diener aber nur mit einem Käsebrot und behauptete, es sei
kein Stückchen Wurst mehr
in der Speisekammer.

Der Hofhund habe sich die Wurst geschnappt und sie ganz und gar aufgefressen. In Wirklichkeit hatte aber er die Wurst verdrückt. Der König wurde nun etwas ungehalten, aber da er dem Diener nichts beweisen konnte, schluckte er seinen Ärger hinunter und das Käsebrot auch. Dann aber ging er mit dem Diener in die Speisekammer und merkte sich genau, was es dort noch alles zu essen gab: Kartoffeln, Käse, Butter und Marmelade. ›Jetzt kann mir mein Diener nichts mehr vorschwindeln‹, dachte er sich. Am nächsten Abend brachte ihm der Diener wieder ein Käsebrot. Der König verspeiste es, aber irgendwie schmeckte es ihm nicht. Als er es ganz aufgegessen hatte, wusste er auch, warum: Auf dem Brot war gar keine Butter gewesen. Er stellte den Diener zur Rede: ›Gestern hab ich noch das Butterfass gesehen und heute soll davon schon nichts mehr da sein?‹ ›Oh doch!‹, beteuerte der Diener, ›ich habe das Brot sogar höchstpersönlich mit Butter bestrichen!‹ Der König glaubte ihm kein Wort. Jetzt wollte er sich nicht mehr an der Nase herumführen lassen. In der Nacht befahl er seinem Schreiner, Löcher in den Käse zu bohren. Als er am nächsten Abend wieder ein Käsebrot bekam, fragte er den Diener: ›Ist da auch Butter drauf?‹ ›Aber ja!‹, antwortete dieser, ›lasst es euch nur schmecken‹. In seiner Gier hatte der Diener die Löcher im Käse gar nicht bemerkt. Der König aber sah sofort, dass die Butter fehlte. Durch die Löcher im Käse schimmerte das nackte Brot. Er bestrafte den Diener und befahl seinem Schreiner, von nun an in jeden Käse Löcher zu bohren, um nicht noch einmal betrogen zu werden. Viele Könige mit schlechten Dienern taten es ihm nach, und auch heute noch können wir dank der Löcher im Käse sehen, ob Butter auf dem Brot ist oder nicht.« Mit diesen Worten rollt sich Fanny auf den Bauch und schläft schnarchend ein.

Warum atmen wir?

Gerade eben haben Fanny und Klee gewettet, wer länger die Luft anhalten kann. Fanny hat dreimal gewonnen und Klee nur einmal. Jetzt liegt er nachdenklich in seinem Bett und fragt: »Du, Fanny, warum müssen wir überhaupt atmen?« Seine Schwester stöhnt. Jetzt muss sie sich eine Geschichte ausdenken, sonst wird Klee keine Ruhe geben. Also dreht sie sich auf den Rücken, wickelt nachdenklich eine Haarsträhne um ihren Zeigefinger, zieht ein bisschen daran und fängt an, zu erzählen:

»Früher atmeten die Menschen tatsächlich nicht die ganze Zeit. Manchmal atmeten sie nur einmal am Tag und manchmal wochenlang nicht, gerade wie es ihnen in den Sinn kam. Sie vergaßen es eigentlich ziemlich oft. Woran sie dabei überhaupt nicht dachten, war, dass auf diese Weise gar keine frische Luft in ihren Körper kam. Die Organe, also alles, was so in einem Körper drin ist, merkten aber sehr schnell, wenn ihr Mensch mal wieder zu lange das Atmen vergessen hatte. Dann stank es nämlich fürchterlich. Besonders, wenn sich der Mensch von Knoblauchsuppe, weichem Stinkkäse oder altem

Fisch ernährte. ›Hier müsste dringend mal gelüftet werden!‹, murmelten sie dann und hofften, dass ihr Mensch endlich mal wieder atmen würde. Je schlechter die Luft im Körper aber wurde, desto stinkiger wurden auch die Organe darin. ›So ein Faulpelz!‹, motzten sie und meinten damit ihren Menschen, ›kann der nicht endlich mal den Mund aufmachen und frischen Wind reinlassen?‹ Eines Tages geschah es, dass ein Mensch sieben Monate vergessen hatte, zu atmen. Die Luft in seinem Körper war zum Schneiden dick geworden und den Organen war speiübel. ›So kann das nicht weitergehen!‹, rief schließlich die Leber, und die Nieren schrien: ›Unter diesen Bedingungen können wir nicht arbeiten. Genug ist genug! Wir streiken!‹ Von da an taten die Leber und die Nieren nichts mehr. Mit jedem Tag, an dem die Luft im Körper noch unerträglicher wurde, schlossen sich andere Organe dem Streik an: die Lunge, die Milz und schließlich auch das Herz. Es hörte einfach auf, zu schlagen. Wie jeder weiß, stirbt aber ein Mensch, dessen Herz nicht mehr schlägt. Und wenn der Mensch stirbt, dann auch alles, was in seinem Körper ist. Daran hatten die Organe in ihrer Wut gar nicht gedacht. Zum Glück hatte aber einer den Ärger der Organe und ihren Streikaufruf belauscht: der Mund. Über den Hals war er ja mit dem Rumpf verbunden und so hatte er alles mit anhören können. Als schließlich auch das Herz aufhörte, zu schlagen, erkannte der Mund die Gefahr und öffnete sich, so schnell er konnte. Ein widerlich stinkender Luftstrom strömte aus ihm hinaus, aber dann kam ein frischer, wohlriechender Luftstrom wieder herein. Die Organe schnupperten, dann saugten sie die frische Luft tief ein, und schon nach kurzer Zeit fingen sie wieder an, zu arbeiten. Der Mensch und seine Organe waren gerettet! Seitdem aber sorgt jeder Mund dafür, dass sein Mensch regelmäßig atmet, und selbst wenn dieser einmal fest versucht, die Luft anzuhalten, dann gelingt ihm das nicht lange. Der Mund macht sich einfach von alleine wieder auf. So. Jetzt weißt du auch, warum wir atmen. Gute Nacht.« Fanny atmet laut aus, rollt sich dann auf den Bauch und schläft schnarchend ein.

Warum haben wir fünf Finger?

Klee hat heute gar keine Lust, einzuschlafen. Gelangweilt zählt er seine Finger ab: Das ist der Daumen, der schüttelt die Pflaumen, das ist der Zeigefinger – »Du, Fanny«, fragt er mittendrin, »warum haben wir eigentlich fünf Finger?« Fanny stöhnt. Jetzt muss sie sich etwas einfallen lassen, sonst wird Klee keine Ruhe geben. Sie dreht sich auf den Rücken, wickelt eine Haarsträhne um den Finger, zieht ein bisschen daran und fängt an, zu erzählen:

»Früher hatten die Menschen nur vier Finger. Den Daumen, den Zeigefinger, den Mittelfinger und den Ringfinger. Der kleine Finger fehlte einfach. Das war überhaupt nicht schlimm, denn mit vier Fingern konnten die Menschen auch Zwiebeln schälen, Haare kämmen oder in der Nase bohren. Kein Mensch vermisste einen fünften Finger, genauso wenig wie wir heute einen sechsten vermissen. Zu dieser Zeit lebte weit weg von hier in einem Dorf am Rande des Dschungels ein schönes Mädchen. Das heißt, eigentlich war sie nicht schöner oder hässlicher als andere, aber sie hatte eine besondere Gabe: Sie konnte wunderschön singen. Genauso wie ihr Vater, ihre Mutter und ihre fünf Brüder. Deswegen war es vollkommen klar, dass sie nur einen Mann heiraten würde, der genauso musikalisch war wie sie. Fast jeden Abend stand daher ein anderer Dorfjunge unter ihrem Fenster und sang herzzerreißend. Das Mädchen – sie hieß übrigens Trucholda – war zu allen sehr nett, aber heiraten wollte sie keinen von ihnen. In dem Dorf lebte damals auch ein Junge namens Piano. Er hatte wenige Freunde, denn er war mit fünf Fingern pro Hand auf die Welt gekommen. Das fanden die Menschen damals sehr seltsam, manche nannten ihn sogar eine Missgeburt. Piano war zwar unsterblich verliebt in Trucholda, aber nicht nur, dass er fünf Finger hatte, er konnte auch überhaupt nicht singen. Eines Nachts aber träumte er von einem weißen Elefanten, der sagte:

›*Des Elefanten Zahn hol dir*
und nutze deine Finger,
fünf sind viel besser doch als vier,
so kriegst du sie für immer.‹

Am nächsten Tag ging Piano in den Urwald, um einen Elefantenzahn zu suchen, und tatsächlich fand er einen sehr schönen, großen Stoßzahn. Siebzehn Tage verbrachte er daraufhin in der Werkstatt. Dort hörte man ihn hämmern und schnitzen, und manchmal hörte man auch ganz seltsame

Töne. Am achtzehnten Tag trat Piano vor Trucholdas Fenster
und rief: ›Schönste Trucholda, ich will nicht singen, denn wer
könnte deinen Gesang übertreffen? Aber wenn du
es mir erlaubst, will ich deine Stimme
auf meinem Instrument begleiten.‹
Trucholda willigte ein, und
Piano holte ein seltsames
Gerät hervor, mit weißen
und schwarzen Tasten.
Er spielte darauf ganz
wunderbar und
begleitete
Truncholdas
Gesang.

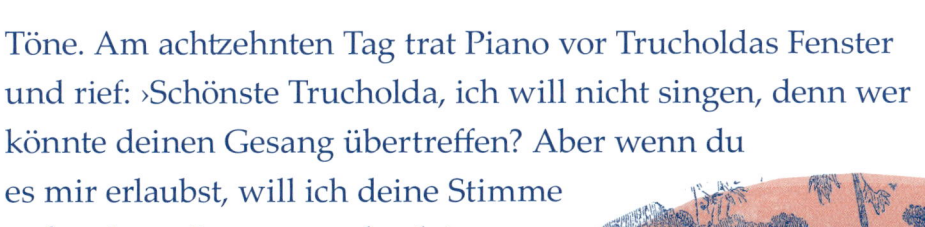

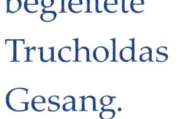

Als die anderen Dorfjungen sahen, wie sich Trucholda in Piano zu verlieben begann, stießen sie Piano weg und versuchten auch, auf dem Instrument zu spielen. Aber da sie nur vier Finger hatten, konnten sie gar nicht so viele Töne anschlagen wie Piano. Schon zwei Wochen später hielten Trucholda und Piano Hochzeit. Alle Kinder, die sie bekamen, hatten fünf Finger pro Hand und alle lernten auf Pianos Musikinstrument zu spielen. Man nannte sie später Pianisten oder einfach Klavierspieler. Heute haben alle Menschen fünf Finger und aus jedem kann ein großer Pianist werden.« Mit diesen Worten beendet Fanny ihre Geschichte, dreht sich auf den Bauch und schläft grunzend ein.

Warum sind Schweine rosa?

Heute hat Oma zwei Euro in Klees rosa Sparschwein gesteckt. Klee betrachtet das Schwein glücklich, aber dann runzelt er die Stirn. »Du, Fanny«, fragt er schließlich seine Schwester, »warum sind Schweine eigentlich rosa?« Fanny seufzt. Sie weiß genau, Klee wird keine Ruhe geben, bevor sie ihm nicht geantwortet hat. Also dreht sie sich auf den Rücken, wickelt nachdenklich eine Haarsträhne um ihren Zeigefinger, zieht ein bisschen daran und fängt an, zu erzählen:

»Vor langer, langer Zeit waren die Schweine tatsächlich noch nicht rosa, sondern weiß. Es gab damals nur zwei Schweinevölker, die strikt getrennt voneinander lebten. Eines Tages aber verliebte sich ein Schwein, es hieß Agnes, in ein Schwein des anderen Volkes, das hieß Sven. Agnes hatte Sven zum ersten Mal gesehen, als er in einer Waldlichtung mit seinen Freunden Fußball spielte. Nach drei schlaflosen Nächten beschloss sie, Sven zu suchen und irgendwie mit ihm ins Gespräch zu kommen. Tatsächlich fand sie ihn auf der gleichen Waldlichtung, er war dort aber nicht allein, sondern umringt von seinen Freunden. Agnes nahm all ihren

Mut zusammen und ging auf ihn zu. Doch da sie Sven so hinreißend fand und leider sehr schüchtern war, lief sie knallrot an, als sie ihm gegenüberstand, und brachte kein Wort heraus. Sven lächelte sie freundlich an, aber seine Freunde stießen ein Hohngelächter aus: ›Guck mal, eine rote Sau!‹, riefen sie und johlten. Da nahm Agnes Reißaus. Wieder in ihrem Schweinevolk angekommen, brach sie in Tränen aus und erzählte ihren Freundinnen, was passiert war. Diese wurden sehr wütend. ›Was für eine Beleidigung!‹, riefen sie. ›Wer eine von uns verlacht, verlacht uns alle!‹ Doch Agnes jammerte nur: ›Ich werd' ihm nie wieder unter die Augen treten können!‹ – ›Unsinn!‹, riefen die anderen. ›Du probierst es morgen noch mal und wir kommen mit.‹ – ›Aber ich werde wieder rot anlaufen!‹, jammerte Agnes. Da sagte eine besonders schlaue Sau: ›Wir müssten alle rot anlaufen, dann sähe es so aus, als wäre das ganz normal!‹ – ›Aber wir sind nicht so schüchtern wie Agnes!‹, schrien die anderen Säue. ›Dann‹, sagte die schlaue Sau, ›müssen wir eben von vornherein rot sein. Und so geschah es. Die Schweine wälzten sich in Erdbeerfeldern und bestrichen sich mit zerquetschen Kirschen, bis sie alle knallrot waren. So marschierten sie am nächsten Tag zur Waldlichtung. Als die Schweine des anderen Volkes die roten Säue anrücken sahen, waren sie ganz still. Denn so etwas hatten sie noch nie gesehen und es schüchterte sie etwas ein. Sie kamen sich nun in ihrer blassen Haut fast etwas schäbig vor. Und so bemerkten sie gar nicht, dass Agnes dunkelrot wurde, als sie Sven sah. Ja, es fiel ihnen nicht einmal auf, wie diese sich später heimlich entfernten und ihren ersten Kuss austauschten – von weißer Schweineschnauze zu roter Schweineschnauze. Natürlich wurden Agnes und Sven ein Paar. Und nicht nur sie: Viele der roten und weißen Schweine heirateten später. Ihre Kinder aber wurden alle rosarot, denn Weiß und Rot ergibt: Rosa. So kommt es, dass heute alle Schweine rosa sind.« Mit diesen Worten dreht Fanny sich zufrieden auf den Bauch, schließt die Augen, grunzt wie ein Schwein und schläft dann ganz schnell ein.

Warum heißen Gänseblümchen eigentlich Gänseblümchen?

Heute steht auf dem Nachttischchen ein kleiner Strauß Gänseblümchen. Während Klee die Blumen betrachtet, kommt ihm eine Frage in den Sinn: »Du, Fanny, warum heißen Gänseblümchen eigentlich Gänseblümchen?« Seine Schwester stöhnt. Jetzt muss sie sich eine Geschichte ausdenken, sonst wird Klee keine Ruhe gebe. Also dreht sie sich auf den Rücken, wickelt nachdenklich eine Haarsträhne um ihren Zeigefinger, zieht ein bisschen daran und fängt an, zu erzählen:

»Es war einmal ein König, der hatte in seinem Park einen goldenen Käfig aufgestellt. Zwei Wochen bevor seine Tochter heiratete, steckte er dort eine weiße Gans hinein. Die wollte er schön mästen und dann zur Hochzeitsfeier schlachten lassen. Als die Gans angeliefert wurde, stand gerade der Gärtnerjunge neben dem Käfig und schnitt die Rosen. Er hieß Peter, hatte strohblondes Haar und liebte alle Pflanzen und Tiere. Ihm tat die schöne Gans leid, und darum steckte er ihr, als es dunkel wurde, heimlich ein Blumensträußchen in den sonst leeren Käfig. ›Vielleicht tröstet dich das ein wenig‹, flüsterte er ihr zu und die Gans schnatterte leise. Am nächsten Tag kam der König, um der Gans höchstpersönlich das Futter zu bringen. ›Da, friss nur, friss!‹, rief er ihr zu. ›Das hier ist allerbestes Gänsefutter!‹ Er fuhr sich mit den Händen über seinen Bauch und leckte sich die Lippen. Man konnte richtig sehen, wie er sich auf den Gänsebraten freute. Peter aber schlich sich am Abend wieder an den Käfig, streichelte die weichen, weißen Federn der Gans und flüsterte ihr zu: ›Friss nicht so viel, sonst wirst du dick und fett, und der König kommt, um dich zu schlachten!‹ Die Gans senkte den Kopf und schnatterte leise. Drei Tage später kam der König wieder vorbei, doch die Gans war kaum dicker geworden. Das meiste Futter lag unberührt in ihrem Käfig. ›Was bist du doch für eine dumme Gans!‹, rief der König wütend. ›Wenn du nicht freiwillig essen willst, dann muss ich eben nachhelfen!‹ Damit packte er sie am Kragen und stopfte ihr das Futter in den Hals. Der Gärtnerjunge musste zusehen und konnte nichts machen. Doch in der Nacht schlich er sich wieder zum Käfig und gab der Gans Kräuter mit abführender Wirkung. Die Gans fraß davon und bekam einen fürchterlichen Durchfall. Alles, was sie gefressen hatte, kam wieder heraus. Und so setzte sie auch kein Fett an. Als der König am Tag vor der Hochzeitsfeier kam, um die Gans höchstpersönlich zu holen, war sie fast dünner als zuvor. ›Was soll ich mit dem Klappergestell!‹, schrie er und stampfte mit dem Fuß auf. »Das kann ich doch meinen Gästen nicht vorsetzen! Ich will das Vieh nicht mehr sehen!

Macht mit ihm, was ihr wollt!‹ Da schloss der Gärtnerjunge
schnell den Käfig auf und schenkte der Gans die Freiheit. Sie
breitete ihre schneeweißen Flügel aus, verneigte sich vor dem
Jungen und schwang sich dann langsam in die Luft. Als sie
fortflog, fielen drei weiße Federchen zu Boden, und dort, wo
sie auf die Erde trafen, blühten kleine Blümchen auf. Ihre
Blätter waren so weiß wie Gänsefedern und ihre Köpfchen so
gold wie die Haare des Gärtnerjungen. Bis heute nennt man
diese Blumen Gänseblümchen, und sie wachsen überall dort,
wo ein Lebewesen dem anderen Danke sagen möchte.« Mit
diesen Worten dreht Fanny sich auf den Bauch, schließt die
Augen und schläft schnarchend ein.

Warum soll man sich zum Schlafen hinlegen?

Heute liegt Fanny schon längst im Bett, als Klee immer noch im Zimmer herumhüpft. »Jetzt leg dich endlich hin!«, raunzt sie ihn an. Aber Klee hat gar keine Lust. Er stellt sich auf ein Bein und fragt: »Warum soll man sich eigentlich immer hinlegen zum Schlafen? Und wieso nicht hinstellen?« Klee kichert, Fanny stöhnt. Wenn ihr jetzt keine gute Antwort einfällt, dann hüpft Klee noch bis Mitternacht herum. Fanny überlegt. Dann dreht sie sich auf den Rücken, wickelt eine Haarsträhne um ihren Zeigefinger, zieht ein bisschen daran und fängt an, zu erzählen:

»Tatsächlich schliefen die Menschen früher nicht in Betten, sondern in Schränken. Im Stehen. Das sparte nämlich viel Platz. Aber dann geschah Folgendes: Ein Herzog wollte ein großes Festgelage geben. Deshalb ging er zu einer Tischlerin – sie hieß Babette – und bestellte fünfhundert Tische. Die wollte er in seinem Schlossgarten für die Gäste aufstellen. Aber auf seine Einladungen hin meldeten nur zweihundert Gäste ihren Besuch an. Die anderen hatten keine Lust, zu kommen, denn sie erinnerten sich noch an das letzte Fest

des Herzogs und da hatten sie sich fürchterlich gelangweilt.
Der Herzog hatte damals den ganzen Abend nur Bilder von
seinen Heldentaten gezeigt und schon nach zwei Stunden
hatte es nichts mehr zu essen gegeben. Der Herzog musste
nun also dreihundert Tische wieder abbestellen, aber als er zu
Babette kam, hatte sie schon alle fünfhundert Tische gebaut.
›Ist auch egal‹, dachte er sich und ließ Babette einfach auf
dreihundert Tischen sitzen, ohne sie zu bezahlen. Darüber
war Babette natürlich sehr traurig. Was sollte sie mit den vielen Tischen anfangen? Alle im Dorf hatten schon einen Tisch
und brauchten keinen zweiten. Überall standen die Tische in
ihrer Wohnung herum, sie hatte nicht einmal Platz, um zu
ihrem Schlafschrank zu kommen. Traurig legte sie sich auf
einen der Tische und schlief ein. Da hatte sie zum ersten Mal
in ihrem Leben einen Traum. Sie glaubte, auf einem fliegen-
den Teppich zu liegen und durch ein wunderbares Land zu
schweben. Dort schien die Sonne und alle Menschen waren
glücklich. Unter ihr tauchte plötzlich ein Baum auf mit rot
glänzenden Äpfeln daran. Sie bückte sich, um einen Apfel
zu pflücken und rums – war sie vom Tisch geknallt, auf den
Boden gefallen und aufgewacht. ›Was für ein schöner Traum‹,
dachte sie und rieb sich den schmerzenden Hosenboden. In
den folgenden Nächten probierte sie alle dreihundert Tische
aus: Auf allen hatte sie einen herrlichen Traum und von allen
fiel sie mitten in der Nacht herunter. Nachdem sie zum drei-

hundertsten Mal von einem Tisch gefallen war, sägte sie alle
Tischbeine kürzer. Jetzt tat das Fallen gar nicht mehr so weh.
Dann hängte sie ein Schild an ihren Laden mit der Aufschrift:
›Kauft Babettes Wunder-Schlafmöbel‹. Schon bald sprach sich
herum, was für schöne Dinge man auf Babettes Tischen
träumen konnte. Da wollte natürlich keiner mehr in
seinem Schrank schlafen! Sogar der herzlose
Herzog kam, um sich einen von Babettes
Tischen zu kaufen. Aber da sagte
Babette einfach: ›Ausverkauft!‹,
und streckte ihm die Zunge
heraus.

Seitdem schlafen alle Menschen auf abgesägten Tischen. Weil
die Erfinderin ›Babette‹ hieß, sagen wir heute ›Betten‹ dazu.
Und nach wie vor ist es so, dass man nur in einem Bett träumen kann und niemals in einem Schrank. Jetzt weißt du also,
warum man sich zum Schlafen hinlegt und nicht hinstellt«,
sagt Fanny, dreht sich auf den Bauch und schläft zufrieden
grinsend ein.

Warum gibt es Regenbogen?

Heute ist Papa mit Fanny und Klee aufs Land gefahren und da hat Klee zum ersten Mal einen Regenbogen gesehen. Er war wunderschön und riesengroß. Jetzt liegt Klee im Bett und denkt nach. »Du, Fanny«, fragt er, »warum gibt es eigentlich Regenbogen?« Fanny stöhnt. Jetzt muss sie sich etwas einfallen lassen, sonst wird ihr Bruder keine Ruhe geben. Also dreht sie sich auf den Rücken, wickelt eine Haarsträhne um ihren Zeigefinger, zieht ein bisschen daran und fängt an, zu erzählen:

»Vor langer, langer Zeit sind mit den Dinosauriern auch fast alle Riesen ausgestorben. Sie waren einfach zu groß und haben mit ihren großen Füßen zu viel Unheil angerichtet. Einige Riesen aber hatten überlebt. Sie benahmen sich äußerst vorsichtig und hielten sich die meiste Zeit versteckt. Tagsüber bewegten sie sich überhaupt nicht, sie blieben ganz still und so bemerkten die Menschen sie gar nicht. Sie dachten, sie gingen in den Bergen wandern und dabei gingen sie auf einem Riesen spazieren! Nachts aber, wenn die Menschen schliefen, schlichen die Riesen leise und ganz vorsichtig ein bisschen herum, um sich die Beine zu vertreten. Erwachsene Riesen fanden sich mit diesem Leben ab und waren zufrieden. Für ein Riesenkind aber war es sehr schwer, den ganzen Tag über mucksmäuschenstill zu bleiben und sich nicht zu rühren. So ein Riesenkind war Megali. Sie wäre am liebsten den ganzen Tag herumgetollt, doch das war natürlich strengstens verboten. Nachts aber durfte Megali nach Herzenslust spielen. Sie ließ die verlassenen Schiffe am Hafen über den See schippern – so wie Menschenkinder in Pfützen Papierschiffe fahren lassen – und sie nahm die großen Bronzestatuen der Menschen, um damit wie mit Puppen zu spielen. Manchmal fuhr sie auch mit den geparkten Menschenautos Autorennen – so wie Menschenkinder mit Spielzeugautos spielen. Eines Nachts kam Megali an einem Menschenspielplatz vorbei und sah dort eine knallrote Rutsche. Zu gern wäre sie auch einmal hinuntergerutscht, aber die Rutsche war für sie viel zu klein. Sie versuchte es trotzdem und demolierte dabei den ganzen Spielplatz. Es kam zu einem kleinen Erdbeben, ihre Eltern rannten herbei, schimpften sie aus und sagten ihr, dass es für Riesen nun einmal keine Rutschen gebe. Basta! Darüber wurde Megali sehr traurig. So traurig, dass sie sogar am folgenden Tag noch weinte. Ihre Tränen fielen am Morgen wie leichter Nieselregen auf die Menschen. Das alles hatte jemand von hoch oben beobachtet: die Sonne.

132

Ihr tat Megali leid. Sie bog ein paar ihrer Sonnenstrahlen in die Form einer Riesenrutsche und färbte sie so bunt wie die Geräte auf einem Menschenspielplatz. Dann ließ sie die überglückliche Megali auf ihren Sonnenbögen hinunter-rutschen. Damit die Menschen Megali nicht sehen konnten, schob die Sonne eine Wolke davor. Den Sonnenbogen aber konnten die Menschen sehen, und weil es kurz vorher geregnet hatte, nannten sie ihn nicht Sonnen-, sondern Regenbogen. Seitdem erscheint immer dann ein Regen-bogen am Himmel, wenn Megali traurig ist und ein bisschen Aufheiterung braucht.« Mit diesen Worten dreht Fanny sich auf den Bauch und schläft grunzend ein.

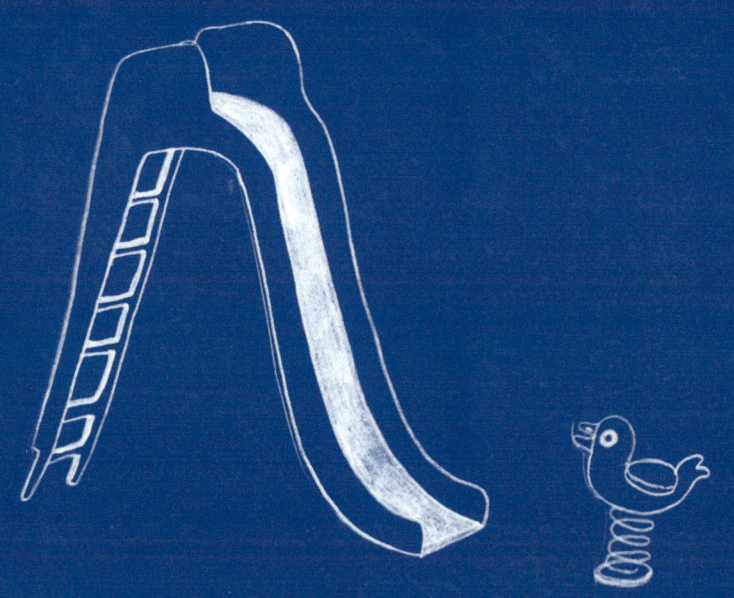

Warum sind Zungen rot?

Heute Abend versuchen Fanny und Klee mal wieder, mit der
Zunge die Nasenspitze zu berühren. Fanny ist darin ziemlich
gut. »Du, Fanny«, fragt Klee mittendrin, »warum sind Zungen
eigentlich rot?« Fanny klappt den Mund zu und denkt nach.
Dann legt sie sich auf den Rücken, wickelt eine Haarsträhne
um den Finger, zieht ein bisschen daran und fängt an, zu
erzählen:

»Vor vielen Jahren herrschte einmal ein schrecklicher
König. Er hortete in seinen Kellern Berge von Gold und Edel-
steinen, aß jeden Tag sieben festliche Mahlzeiten mit mehre-
ren Gängen und ging ansonsten einkaufen. Das alles konnte
er sich leisten, weil seine Untertanen ihm fast alles, was sie
besaßen, geben mussten. Die Bauern mussten dem König
so viel Vieh und Getreide abliefern, dass ihnen kaum etwas
zum Leben übrig blieb. Und so ging es auch den Bäckern,
den Schmieden und all den anderen Leuten. Sie alle hatten
ständig Hunger und waren immer traurig. Wenn der König
aber seine klapperdürren und traurigen Untertanen sah,
dann strich er sich über seinen dicken Bauch und lachte laut.

Er war ein richtiges Ekel. Eines Tages kam ein Händler aus einem anderen Land des Weges. Er führte viele schöne Dinge mit sich, aber das Einzige, was die Leute sich leisten konnten, war ein Tütchen Himbeerbrause. Sie machten das Tütchen auf, schnupperten daran und betrachteten das rosarote Pulver. Vorsichtig leckten sie daran. Ein wohliger Schauer rieselte ihnen durch den ganzen Körper. Das Pulver zischte auf ihrer Zunge und schmeckte herrlich. Und nicht nur das! Die Brause färbte ihre weißen Zungen rosa. Das sah so lustig aus, dass sie zum ersten Mal seit langer Zeit wieder lachen mussten. Jeder, der ein Tütchen Himbeerbrause gekauft hatte, war an diesem Tag ein bisschen glücklich. Einige lächelten sogar immer noch, als sie dem König ihr Korn oder eine Sau oder sonst was abliefern mussten. Das beunruhigte den König. Niemand außer ihm sollte fröhlich sein! Sofort schickte er seine Spione los, um herauszufinden, was hinter dem Lächeln seiner Untertanen steckte. Als er von der Himbeerbrause erfuhr, ließ er sie sofort verbieten. Jetzt mussten alle Untertanen dem König zweimal am Tag die Zunge herausstrecken. Wer eine Zunge hatte, die nur ein bisschen rosa war, wurde sofort in den Kerker geworfen. Außerdem kaufte der König alle Himbeerbrause auf und hortete sie in seinem Keller. Das aber war den Leuten nun zu viel. Sie wurden wütend. Ein König, der seinen Untertanen nicht einmal erlaubte, Himbeerbrause zu essen, sollte nicht länger König sein! Kurzerhand nahmen die Leute den König gefangen. Sie steckten ihn in seinen eigenen Kerker, wo er bis zu seinem Lebensende nur Wasser und Brot bekam. Dann plünderten sie seinen Keller. Das Gold und die Edelsteine ließen sie liegen, aber die Säcke mit der Himbeerbrause nahmen sie mit. Von da an aßen sie fast nur noch Himbeerbrause – zum Frühstück, zum Mittagessen und zu Abend. Fröhlich streckten sie sich gegenseitig ihre roten Zungen raus. Schließlich hatten sie so viel Himbeerbrause gegessen, dass ihre Zungen gar nicht mehr weiß wurden. Seitdem haben alle Menschen rote Zungen, aber nur manche können sie bis zur Nasenspitze strecken«, sagt Fanny, gähnt, dreht sich auf den Rücken und schläft grunzend ein.

Warum fällt alles immer nach unten?

Klee hat heute draußen verschiedene Steinchen gesammelt. Nun hat er sie am Kopfende seines Bettes aufgereiht. Er schnippst jeden Stein an und lässt ihn zu Boden fallen. Plötzlich hält er inne und fragt: »Du, Fanny, warum fällt eigentlich immer alles nach unten und nie zur Seite oder nach oben?« Fanny stöhnt. Immer diese Fragen! Jetzt muss sie sich etwas einfallen lassen. Sie dreht sich auf den Rücken, wickelt nachdenklich eine Haarsträhne um den Finger, zieht ein bisschen daran und fängt an, zu erzählen:

»Es gab einmal ein kleines Teufelchen auf der Erde, das alles stahl, was ihm in die Finger kam. Den Köchen stahl es den Braten aus dem Backofen, den Kindern stahl es das Spielzeug, den Vögeln die Eier aus den Nestern und den Männern die Haare vom Kopf. Nun sind Teufel ja dazu da, allerhand Schabernack zu treiben, aber als dieses Teufelchen den Eiffelturm, die amerikanische Freiheitsstatue

138

und auch noch das Mittelmeer stahl – da wurde die Sache doch zu bunt. Der Teufel musste bestraft werden. Alle Engel im Himmel waren jedenfalls dieser Meinung. Sie fingen das Teufelchen und sperrten es in einen hohen Turm. Bei Wasser und Brot. Aber als der Turmwärter hereinkam, um dem Teufelchen das Essen hinzustellen, da stahl es ihm doch glatt alle Kleider vom Leib und den Gefängnisschlüssel noch dazu. Flugs verließ es seine Turmzelle und verschwand. Die Turmtreppe nahm es – aus Rache – auch noch mit.

Die Engel aber fingen das Teufelchen ein zweites Mal ein und diesmal sperrten sie es in ein dunkles Kellerverlies. Ohne Wasser und Brot. Das Teufelchen aber klaute hier nicht nur die Kellerasseln und Kellerratten, es stahl auch die

schweren Eisenketten, die man um seine Füße gelegt hatte, und am Schluss stahl es sich selbst davon. Die Engel verloren darüber fast ihre Engelsgeduld. ›Wo auf der Welt sollen wir das Teufelchen nur hinstecken?‹, fragten sie. ›Wo um Himmels willen kann es absolut nichts stehlen?‹ ›Lasst es uns doch hier oben bei uns einsperren!‹, schlug ein Engel vor. Aber die anderen waren nicht einverstanden. Das Teufelchen würde ihnen doch nur die Wolken stehlen und am Ende noch das Paradies! Schließlich beschlossen sie, das Teufelchen genau in die Mitte der Erdkugel zu stecken, denn sie glaubten, dass es dort absolut nichts zu stehlen gebe. Und tatsächlich: Das Teufelchen tobte vor Wut. Es stampfte mit dem Fuß auf, entzündete ein Höllenfeuer und es stank fürchterlich nach Schwefel! Aber dann entdeckte es, dass es doch etwas Stehlenswertes gab: In der Erde steckte Eisen. Das Teufelchen klaute das ganze Eisen und schmiedete sich daraus einen riesigen Magneten. Der Magnet war so groß, dass bis heute alles, was man nicht festhält, von ihm angezogen wird und Richtung Erdmittelpunkt fällt. Noch heute sitzt dort das Teufelchen mit seinem Riesenmagneten und saugt mit diebischem Vergnügen alles an, was nicht fest gehalten wird oder fest montiert ist.« Klee blickt auf seine Steinchen und schnippst vorsichtig noch eines vom Bett. Er schaut sich nach Fanny um, aber die hat sich schon längst auf den Bauch gedreht und ist lächelnd eingeschlafen.

Warum sagt man »sich grün und blau ärgern«?

Heute war Klee bei Oma. Sie hatte Besuch von Frau Mirsovic.
Die beiden haben die ganz Zeit über Politik geredet und dass
sie sich grün und blau ärgern könnten. Aber weder Oma
noch Frau Mirsovic ist grün oder blau geworden. Beide sind
eher rot angelaufen, jedenfalls je länger und je hitziger sie
diskutiert haben. Jetzt liegt Klee in seinem Bett und denkt
nach. Nach einer Weile dreht er sich zu Fanny um und fragt:
»Du, Fanny, warum sagt man eigentlich: ›Ich könnte mich
grün und blau ärgern‹?« Seine Schwester seufzt. Jetzt muss sie
sich eine Geschichte einfallen lassen, sonst wird Klee keine
Ruhe geben. Also dreht sie sich auf den Rücken, wickelt eine
Haarsträhne um ihren Zeigefinger, zieht ein bisschen
daran und fängt an, zu erzählen:

»Als der liebe Gott die Welt erschaffen hat, erfand er die
Menschen und die Tiere, die Pflanzen, den Himmel, die
Berge, das Meer, eben einfach alles, und alle waren zufrieden,
nur die Bäume und der Himmel nicht. Denn sie sahen, dass
die Menschen und Tiere hingehen konnten, wohin sie wollten. Die Meere konnten sich in Flüsse verwandeln und so

etwas von der Welt sehen, und die Berge konnten auseinanderbrechen oder explodieren und so als Gesteinsbrocken durch die Welt kullern. Alle konnten sich bewegen, nur die Bäume und der Himmel mussten immer da bleiben, wo sie waren, nämlich der Himmel über und die Bäume wiederum in der Erde. Das fanden sie ungerecht. Sie fingen an, sich schrecklich zu ärgern. Besonders wütend waren sie auf die Menschen, denn diese begannen Autos und Züge zu bauen und erfanden Flugzeuge. Damit konnten sie noch schneller und noch leichter in der Welt herumbrausen. Und nicht nur das! Um ihre Eisenbahnschienen zu bauen, fällten die Menschen ganze Wälder, und was aus ihren Flugzeugen hinten herauskam, verpestete den Himmel. Als eines Tages wieder einmal ein superschnelles Flugzeug durch den Himmel flitzte, wurde der Himmel so sauer, dass er donnergrollend Blitze vom Himmel schleuderte. Das Flugzeug geriet ins Taumeln und wäre beinahe abgestürzt. Immer noch sauer, ließ der Himmel es tagelang regnen, sodass die Menschen mit Eimern das Wasser aus ihren Kellern schöpfen mussten. Die Bäume aber machten ihrem Ärger auf noch gemeinere Art Luft. Jedes Jahr ließen sie alle ihre Blätter fallen, und die Menschen mussten diese dann in ihren Gärten mühsam zusammenrechen und auf Haufen schippen. Außerdem sahen die Bäume ohne Blätter nur halb so schön aus und manche Menschen wurden davon ganz traurig. Seit dieser

Zeit sprach man vom großen Ärger der Bäume und des Himmels, und wenn sich einmal ein Mensch ärgerte, dann sagten die Leute: Du ärgerst dich ja wie Bäume und Himmel! Mit der Zeit aber wurde diese Redeweise den Menschen zu lang, und sie sagten einfach: ›sich grün und blau ärgern‹. Denn ›grün‹ stand für die Bäume und ›blau‹ für den Himmel. Verstanden?«, fragt Fanny, dreht sich – ohne eine Antwort abzuwarten – auf den Bauch und schläft grunzend ein. Klee aber liegt noch lange wach, denn er findet, dass Fannys Geschichte doch ein bisschen an den Haaren herbeigezogen ist. Und dann fragt er sich noch, woher dieser Ausdruck eigentlich kommt und dass er das Fanny morgen Abend unbedingt noch fragen muss.